LES HOMMES POLITIQUES SUR LE DIVAN

JEAN-PIERRE WINTER

LES HOMMES POLITIQUES SUR LE DIVAN

Calmann-Lévy

ISBN 2-7021-2385-0

A la mémoire de mon père,
que les politiques avaient, par leurs folies,
réduit au silence.

A Elie, Mathias et Boris,
qui ont repris la parole confisquée.

A Florence,
sans qui rien n'était possible.

Sigmund Freud, le seul véritable adversaire d'Hitler, a su aller jusqu'aux racines du mal dans son analyse de cette situation morbide. Des catastrophes d'une éducation aberrante, de la séduction permanente qu'exercent les préjugés agressifs, il a su faire un objet de discussion pour le monde entier, et un objet de traitement thérapeutique. Cependant, Freud n'a pas été encore entendu...

Friedrich HEER,
Autopsie d'Adolf Hitler

SOMMAIRE

Introduction	11
Bernard Tapie	39
Édouard Balladur	55
Jacques Chirac	73
Michel Rocard	85
Valéry Giscard d'Estaing	101
Jacques Delors	117
Jean-Pierre Chevènement	133
Philippe de Villiers	151
Jean-Marie Le Pen	161
François Mitterrand	183
Conclusion	215
Bibliographie succincte	229

INTRODUCTION

Parmi les personnes dignes de foi, auxquelles, disent-elles quelque chose, il faut croire et obéir, je dis qu'au premier rang sont les dieux : car mentir est étranger aux dieux. Puis les prêtres : car ils obtiennent chez les hommes mêmes honneurs que les dieux. Puis les rois et magistrats : « car ce qui a pouvoir a valeur de dieu ». Puis les parents et maîtres : car eux aussi ressemblent aux dieux, les uns en introduisant dans la vie, les autres en enseignant comment il faut vivre. Puis les devins, je veux dire ceux d'entre eux qui ne sont ni trompeurs ni faux devins...

ARTÉMIDORE,
La Clé des songes.

L'électeur est un lecteur mais il ne le sait pas. Et c'est cette ignorance que tout candidat entend maintenir, comme un fonds de commerce dont la gérance serait confiée aux conseillers en communication, chargés de maquiller les textes.

L'électeur se constitue comme lecteur du texte chiffré que les hommes politiques lui adressent sous la forme d'une demande : « Votez pour moi. » Le vote est l'acte par lequel l'électeur produit, de façon précipitée, sa réponse à cette demande, quand l'inconscient en a effectué le déchiffrement. C'est la réponse de son désir à cette demande. Et si, consciemment, l'électeur ne se soucie que du propos économique, social ou institutionnel du candidat, inconsciemment, il s'attache à ces petits riens, à ces chutes de discours, à ces mimiques involontaires, à ces discordances par où ce même candidat fait savoir, en tentant de les effacer, ce qui constitue la question qui le pousse à solliciter les suffrages.

Ainsi, sans toujours nous en rendre compte, c'est dans les franges du su que nous percevons l'insu auquel nous sommes invités, et quelquefois sommés, d'adhérer.

Le psychanalyste, en tant que citoyen, a ce privilège, pas toujours enviable, d'être rompu à cet exercice de lecteur. Pourquoi refuserait-il de prendre le risque de partager, avec d'autres citoyens, ce qu'il entend du discours qui s'adresse à lui aussi ? Parce que son éthique lui ferait un devoir de rester neutre et bienveillant ? Mais la neutralité analytique n'a rien à voir avec la neutralité suisse !

Le psychanalyste n'est appelé à la neutralité que dans le cadre de l'exercice de son travail, dans la relation dite divan-fauteuil. Qu'est-ce à dire ? Cela signifie qu'il lui est imposé d'accueillir tous les éléments du discours tenu en sa présence, quels qu'ils soient, sans les sélectionner *a priori*, et sans trier dans ce qui lui est dit entre ce qui lui paraît ou non important. Neutre signifie qu'il ne fera pas pression, par son interprétation ou son attitude, sur le patient, ou pour infléchir en lui une plus grande liberté de l'inconscient ou une plus grande liberté de la conscience.

Le psychanalyste reste neutre dans le conflit qui oppose, pour tout individu, l'inconscient à la conscience. Sa neutralité vise en premier lieu à empêcher que l'acte même de faire une psychanalyse ne produise un déchaînement d'angoisse, libérant des forces que le surmoi réprouverait, ou un supplément d'inhibition, en condamnant l'inconscient au nom de valeurs éthiques que le surmoi viendrait à représenter. Elle signifie aussi que, pendant le procès d'une cure, il s'interdit tout jugement sur ce qui lui est donné à entendre. Il s'interdit tout jugement sur le dire, et ne s'autorise à y répondre que sous la forme d'une interprétation — et pour autant que l'analysant joue le jeu et s'en tienne donc lui aussi au discours, s'interdisant tout acte.

Cela dit, la longue patience que suppose une cure analytique, ce qui s'y joue de répétitions, de drames, de tragédies, et aussi quelquefois de comédies, et qui fait appel, de part et d'autre, côté divan comme côté fauteuil, à une véritable ascèse, ne peut se produire qu'au prix, pour le psychanalyste, d'une suspension du jugement. Sa neutralité, c'est donc aussi l'interdit auquel il se soumet de ne point juger — en aucun cas — ce qui lui est rapporté dans le cadre de la séance, mais il s'interdit encore d'avoir recours à des éléments extérieurs à la situation analytique pour se forger une opinion sur la véracité des dires produits dans l'espace transférentiel.

Dès lors, peut-on inférer de cette règle du fonctionnement d'une cure analytique que le psychanalyste s'interdit tout jugement, pour toujours et partout ? Certes non ! Celui qui se prive du pouvoir de juger pour avancer dans l'existence, c'est précisément le névrosé. Et l'on espère bien que le psychanalyste aura, en quelque sorte, renoncé à cette part de la névrose qui, lui interdisant de s'autoriser à juger, lui interdit en même temps de s'autoriser à agir.

Hors de la cure, et c'est le cas dans le livre que nous proposons aujourd'hui, le psychanalyste retrouve sa faculté et sa capacité à juger, pour autant que son analyse ne l'en a pas privé. Car le psychanalyste, il est utile de le rappeler, est d'abord quelqu'un qui a été, peu ou prou, psychanalysé lui-même.

Certes, pourrait-on dire, chaque homme politique à propos duquel nous allons tenter de cerner un « bout du réel » auquel il nous confronte n'a rien demandé au psychanalyste qui est l'auteur de ces lignes. En tant que tel, c'est vrai. Mais en tant que le psychanalyste est également un citoyen, chacun d'entre eux l'a sollicité, puisqu'il lui a demandé son suffrage.

Ce livre a pour but de rappeler que le vote est un jugement et un acte. Si voter s'est banalisé au point que nombreux sont ceux qui estiment devoir s'abstenir, la psychanalyse peut devenir l'instrument propre à rappeler que cet acte de juger est un acte difficile, responsable, qui suppose de ne pas s'en tenir à l'inhibition et au sentiment d'être écrasé par la difficulté de la tâche.

Ce que je vise ici est le reproche, souvent adressé à la psychanalyse, d'avoir pour effet une certaine démobilisation politique. J'ai conçu ce travail, au contraire, avec le désir et la volonté de remobiliser ce qui est politiquement, aujourd'hui, presque éteint, en tout cas en sommeil.

La chute des idéologies, la fin d'un certain type de militantisme politique, et la relative apathie que nous connaissons en Occident sont-elles les conséquences de la promotion d'un discours plus individualiste, auquel participerait le discours psychanalytique ? Ce n'est pas impossible, mais je ne le crois pas. J'estime au contraire que le psychanalyste est capable, dans une certaine mesure, de resituer ce que sont les véritables enjeux du discours politique. Chemin faisant, il peut permettre à ses concitoyens de reconquérir leur droit de protester, de n'être pas d'accord, de dire leur mécontentement chaque fois qu'ils rencontrent une imposture, un mensonge, une duperie dont ils seraient les principales victimes.

Loin de chercher à démobiliser, l'analyse psychanalytique de la fragilité des hommes politiques vise à permettre à chacun d'entre nous, non pas l'arrêt, mais le retour au combat politique, par des voies que l'ignorance de l'inconscient ne permet pas.

Tâchons de voir si c'est possible.

Parmi diverses hypothèses de travail, l'idée de départ est de rapprocher et de faire correspondre la description freudienne de l'appareil psychique et la théorie de la démocratie telle qu'elle apparaît dans la philosophie des Lumières, tout particulièrement chez Montesquieu. Cette correspondance peut se réaliser point par point, notamment avec ce qu'on appelle la deuxième topique, qui décrit le psychisme comme une organisation à trois instances, le *ça*, le *moi* et le *surmoi*. Freud dit que le moi, qui est l'instance intermédiaire, peut être considéré comme une sorte de « parlement des pulsions ». Lesquelles pulsions sont censées se regrouper et s'exprimer dans le ça. Le surmoi apparaît dès lors comme l'exécutif, celui qui gouverne et commande.

Une telle description peut paraître tout à fait schématique, mais elle fait écho assez précisément à la pensée de Montesquieu et à sa théorie de la séparation des pouvoirs, avec les distinctions qu'il fait entre le pouvoir de la représentation populaire et le pouvoir exécutif, le pouvoir de faire les lois et le pouvoir de les faire exécuter.

Dans cette correspondance, le « ça » serait le peuple, le « moi » la Chambre des députés et le « surmoi » le gouvernement.

Chacun sait que la chose la plus difficile en matière de politique, dans une démocratie, est de déterminer le véritable lieu du pouvoir. Tous les politologues s'en inquiètent. Il se trouve que dans le psychisme, règne la même incertitude. Personne ne peut dire à l'avance que, pour un être humain donné, c'est plutôt le ça, plutôt le moi ou plutôt le surmoi qui dirige ses actes. A la fin de sa vie, Freud a été obligé d'inventer et d'élaborer, dans *L'Abrégé de psychanalyse*, l'idée qu'il y avait probablement une partie du surmoi, donc ce qui serait l'exécutif, qui était inconsciente. De même qu'il a été amené, beaucoup plus tôt, à penser qu'il y a une partie du moi qui est consciente et une autre inconsciente.

Mais son propre vocabulaire lui permet de filer la métaphore plus avant. Par exemple, l'idée que dans le moi se trouvent des représentants des pulsions, comme on dit qu'il y a des représentants du peuple. Cette notion est tout à fait intéressante quand on veut confronter un point de vue psychanalytique et un point de vue politique : de même que les représentants du peuple, quand ils sont élus, mettent en œuvre une politique qui n'a pas grand-chose à voir avec ce pour quoi ils sont représentants — de même qu'ils acquièrent, à partir du moment où ils sont représentants, une certaine autonomie, limitée par le fait qu'ils font groupe —, de même, dans la psyché, les représentants des pulsions s'organisent-ils de façon autonome par rapport aux pulsions elles-mêmes.

Je considère qu'il ne s'agit pas là d'une simple image, ou d'un accident de l'histoire, mais qu'il existe une véritable congruence entre le type de représentation que Freud se fait de l'appareil psychique humain et le type de représentation de ce que doit être le gouvernement — non pas idéal, mais le meilleur gouvernement possible, c'est-à-dire le « moins pire ». Cette congruence tient peut-être au simple fait que l'homme que décrit Freud *est* l'homme politique, celui qu'ont inventé les démocraties.

Cette identité a plusieurs conséquences. D'une part, elle limite la portée de la psychanalyse à l'homme « de la démocratie » — au sens où celle-ci a été inventée en Grèce il y a fort longtemps et où il lui a fallu des siècles et des siècles pour s'élaborer. Au fur et à mesure qu'elle avançait, elle façonnait un type d'hommes politiques. D'autre part, elle induit que la représentation de l'appareil psychique pour les hommes de cultures qui n'ont pas connu cette lente maturation de la démocratie n'est pas construite de la même façon, et ils ne peuvent donc pas se figurer les choses de la même façon que les Occidentaux.

Cela nous amène à formuler une hypothèse qui va nous servir de base de travail, à savoir que le sujet de l'inconscient freudien, élaboré dans la cité démocratique, ou dans la cité en passe de devenir démocratique, ce qui revient au même, ce sujet de l'inconscient est bien le sujet *du* politique. Où est-il ? Que peut-on appeler « sujet du politique » ? C'est ce qu'on désigne sous le vocable de volonté populaire, ou de peuple.

Le peuple, la volonté populaire, le suffrage universel, voilà une fiction qui n'a rien à envier à la fiction d'un sujet de l'inconscient. Ce sera notre deuxième hypothèse. Si on y réfléchit un tout petit peu, on s'aperçoit qu'il s'agit de la fiction selon laquelle *une* volonté pourrait s'exprimer par le suffrage universel. Mais s'exprimer de telle façon qu'elle dise, à un moment donné, quel est le désir d'une fiction, la fiction étant le sujet politique. Ce préalable ne vaut évidemment que dans un cadre démocratique.

Allons plus loin. Le sujet, qu'on appellera « volonté populaire », est confronté à différentes possibilités, différents choix, différentes volontés : ceux qui émanent de son histoire, de ses aspirations, de ses besoins, de son économie, au sens à la fois marxiste ou keynésien du mot, et ceux qui émanent de ses représentants et des intérêts particuliers de ses représentants, comme ceux de l'exécutif. Si donc ce sujet, qu'on appelle volonté populaire ou suffrage universel, est amené à faire un choix, comment va-t-il se déterminer ? Est-il est en position de choisir ce qui ira dans le sens de ses intérêts, à court, moyen ou long terme, ou va-t-il opter pour les intérêts de l'une des trois instances que sont les intérêts économiques, les intérêts de la représentation ou les intérêts de l'exécutif ? A quel moment le peuple s'identifie-t-il à l'une de ces trois instances ? Et qu'est-ce qui fait qu'il prend parti, massivement, d'une façon dont on pourrait dire que son verdict final, sans que les votants se soient concertés, a valeur d'interprétation, qu'il signifie pour tous ceux qui se sont présentés à ce suffrage, une interprétation ? Une interprétation du moment politique que l'on vit. C'est-à-dire que du jour au lendemain, d'un mois sur l'autre, évidemment d'une année sur l'autre, l'interprétation ne sera pas la même.

C'est ce qui fait que l'on peut, simplement à l'aide des sondages, observer que, en fonction de la situation politique, Edouard Balladur recueille tantôt les suffrages des sondages — ce n'est pas tout à fait la même chose que les suffrages dans les urnes — et tantôt c'est Jacques Chirac. Personne, *a priori*, n'est censé pouvoir dire pourquoi. Il y a donc une instance interprétative dans la démocratie qui est un sujet, une pure fiction. Il y a une fiction qui interprète la vie politique au fur et à mesure qu'elle se déroule.

Le plus étonnant est que cette fiction, qu'on appelle le suffrage universel, et qui serait l'équivalent dans la vie psychique d'un vouloir supposé qu'on appellerait le sujet de l'inconscient, se trouve dans une certaine position de neutralité. C'est-à-dire qu'il n'a pas d'*a priori*, il ne votera pas toujours dans le même sens. Il peut très bien décider que, un coup, c'est plutôt le ça qu'il faut favoriser, quitte à en payer le prix, une autre fois ce sera plutôt le surmoi, ou plutôt le moi.

Ce sont des hypothèses de travail. Mais il y a d'autres éléments de réflexion. On se rappelle que Freud a écrit un livre sur la politique, qui n'a d'ailleurs pas été publié de son vivant et dont, en général, la communauté psychanalytique se garde bien de faire état. Freud s'est en effet inséré dans la vie politique, à sa manière, en écrivant, à la fin de sa vie, avec un diplomate qui s'appelle Bullitt, *Le Président Thomas Woodrow Wilson : portrait psychologique.*

Ce livre a ceci de remarquable qu'à peu près personne ne l'a lu. Il est pourtant intéressant, ne serait-ce que parce que Freud y formule un certain nombre d'hypothèses sur la manière de traiterla question du leadership politique, et sur ce que signifie ce leadership politique, au-delà des interprétations déjà données dans *Psychologie collective et analyse du moi*, où il analysait le fonctionnement des masses. Dans *Le Président Wilson*, il étudie la façon dont fonctionne un leader, ce qu'est un leader. Or, il procède à une analyse de sa personne étonnamment prophétique. Car au moment où il s'exprime, avant la Seconde Guerre mondiale, il est déjà en position de dire qu'avoir donné le pouvoir à un type comme Wilson revient à avoir créé les conditions d'un désastre phénoménal. Et il développe cela à partir de l'analyse de la personnalité de Wilson.

Mais si ce livre m'intéresse, c'est à la fois parce qu'il donne une méthode pour essayer de travailler sur les hommes politiques français, et qu'il dit dans quels pièges on ne doit pas tomber. Dans tout son travail de psychanalyse appliquée, Freud n'évoque pas l'application d'hypothèses psychanalytiques à des objets qui ne sont pas psychanalytiques — comme analyser un ouvrage —, mais il part d'un affect, de quelque chose qu'il éprouve. Par exemple, quand il écrit *Considérations actuelles sur la guerre*, il part de son sentiment de désillusion. Il éprouve une déception et à partir de l'analyse qu'il en fait, il va en venir à dire un certain nombre de choses sur la guerre. Dans le cas du président Wilson, il part de la haine qu'il éprouve à son égard. Il ne la cache pas et la met même en avant.

Ce libre cours de l'affect m'a amené à penser que, plutôt que de classer les personnages politiques qui vont s'allonger sur ce divan selon le critère droite-gauche, j'aurais pu les classer selon mes sentiments : ceux pour qui j'éprouve de la sympathie, et ceux pour qui j'éprouve de la haine, tout au moins une plus ou moins franche antipathie. Et l'on verrait que, précisément, ça ne recouvre pas forcément la droite et la gauche.

Ce classement en fonction des affects semblerait un peu ludique, mais il montrerait que l'introduction de la psychanalyse dans ce champ-là fait aussitôt vaciller les cadres établis.

Freud parle donc de Wilson. N'imposons pas au lecteur un exercice de citations, mais notons au moins ceci : quand Freud parle de son sentiment pour Wilson, il en vient à dire la chose suivante, qui pourrait nous servir d'introduction pour ce livre : « Les fous, les visionnaires, les hallucinés, les névrosés et les aliénés ont, de tout temps, joué de grands rôles dans l'histoire de l'humanité, et pas seulement lorsque l'accident de leur naissance leur a transmis la souveraineté. Généralement, ils ont fait de grands ravages ; mais pas toujours. De tels êtres ont exercé des influences incalculables sur leur époque et celles qui ont suivi, ils ont lancé d'importants mouvements culturels et fait de grandes découvertes. Ils l'ont eu grâce, d'une part, à la partie intacte de leur personnalité, c'est-à-dire malgré leurs anomalies ; mais, d'autre part, ce sont précisément souvent les traits pathologiques de leur caractère, l'asymétrie de leur développement, le renforcement anormal de certains désirs, l'abandon sans réserve ni discernement à un but unique qui leur donnent la force d'entraîner les autres à leur suite et de vaincre la résistance du monde.

« Les grandes œuvres coïncident si souvent avec des anomalies psychiques que l'on est tenté de croire qu'elles sont inséparables. Cette supposition est, toutefois, contredite par le fait que dans tous les domaines des efforts humains l'on trouve des hommes éminents qui remplissent les exigences de la normalité. »

On essaiera de suivre Freud dans cette voie, en faisant apparaître ce qui est criant pour chacun d'entre nous dans ce qu'il y a de pathologique ou de très anormalement grossi chez chacun des leaders politiques qui prétend gouverner la France. Dans ce cadre, on verra ce qui alimente leur popularité et ce qui, au contraire, la dessert.

Nous n'aurons pas besoin de remonter, comme le fait Freud à propos du président Wilson, à une étude exhaustive de leur enfance, des relations qu'ils ont eues avec leurs parents, etc. Quelquefois, un seul trait de structure, une seule phrase prononcée par l'un d'eux suffira à faire notre opinion et à montrer sur quoi leur électorat ou l'électorat d'une manière générale se focalise. Ainsi pourra-t-on montrer comment, selon que les circonstances vont plutôt dans le sens du trait pathologique ou du trait normal du leader, leurs chances sont plus ou moins grandes de se faire élire.

Prenons un exemple très simple, celui de Jean-Marie Le Pen. Je me suis permis de le classer immédiatement parmi ceux qui dégagent une très violente antipathie. Est-il besoin, pour parler de Le Pen, de savoir avec précision quelles ont été ses relations avec son père, avec sa mère, avec ses frères et sœurs s'il en a eu ? Non. On fera avec lui comme avec tous les autres : on se servira seulement de ce qu'il dit en public. Et nous poserons l'hypothèse selon laquelle ce qu'il dit publiquement, c'est son discours de sujet du politique, identique en ce point au sujet de l'inconscient. Ainsi quand Le Pen dit : « J'aime mieux mes filles que mes nièces, mes nièces que mes cousines, mes cousines que mes voisines. Il en est de même en politique, j'aime mieux les Français. Et l'on ne me fera jamais dire autre chose », que dit-il ? Chacun pensera qu'il dit ce que tout le monde pense tout bas. Mais le problème est que Jean-Marie Le Pen n'est pas tout le monde. Il est un homme qui prétend accéder aux plus hautes marches de l'Etat, à la fonction suprême. Or, si on décrypte cette simple phrase, on verra et on y entendra qu'on n'a pas besoin de savoir ce qu'il ne nous dit pas sur son enfance pour comprendre qui il est, c'est-à-dire pour comprendre quel est le désir avec lequel il entraîne des partisans derrière lui. Car que signifie cette phrase ? Ni plus ni moins qu'un rejet de ce qui fonde la notion de filiation, à savoir l'alliance avec un étranger. Puisque, dans cette phrase, il est question non pas d'alliance, mais uniquement de descendance ou de collatéraux. (Sur ce point, l'analyse d'Ali Magoudi est particulièrement pénétrante.)

Le Pen ne commencera jamais par dire : « Je préfère ma femme à la femme d'un autre », etc. Il n'y a pas de place dans ses mots pour l'alliance matrimoniale. Or, l'alliance est le fondement même de l'institution. C'est ce qui permet, à partir de cette simple phrase, d'imaginer que, si Le Pen prenait le pouvoir, sa volonté, même s'il ne le sait pas, serait de mettre à mal les institutions.

Cette seule phrase peut donc suffire à nous faire comprendre pourquoi il est dangereux. Il n'est pas dangereux parce qu'il préfère sa nièce à sa cousine, mais tout simplement parce que, lorsqu'il entre dans cette énumération, il ne pense ni au mariage, ni au fait que le mariage réside sur l'alliance. Donc il ne croit pas aux institutions. Donc, dès qu'il sera à la tête de l'Etat, il fera comme d'autres avant lui, il se débarrassera des institutions. C'est en cela qu'il est dangereux, parce qu'il se dévoile comme incestocrate.

Une phrase comme celle-là permet de situer le personnage. C'est-à-dire de situer quel est son désir envers la place qu'il vise — qu'il le sache ou non. Si bien que ce sur quoi ces pages vont s'appuyer est la *portée* de ce que disent les hommes qui se présentent à l'élection présidentielle.

Comme on s'en doute, cette portée les dépasse infiniment. Mais ça les rejoindra, si jamais un jour ils dirigent l'Etat. C'est dire qu'une fois au pouvoir, ce qu'ils ont dit, si ça n'a pas été décrypté et si on ne l'a pas pesé, constitue leur véritable programme. De sorte que mon idée est tout simplement que, pour analyser chacun de ces hommes politiques, il suffit de les prendre au pied de la lettre. Contentons-nous de ce qu'ils disent, ni plus ni moins, ne retranchons rien. Et considérons tout ce qu'ils disent : c'est ce qu'ils ont l'intention de faire, même s'ils ont cru, en le disant, qu'ils n'avaient pas l'intention de le faire, même s'ils ont prétendu qu'en le disant ils ne cherchaient qu'à séduire l'électorat.

L'homme politique, quand il parle, pense que ses auditeurs le considèrent comme un menteur doublé d'un séducteur. Un *burlador,* dit-on en espagnol à propos de Don Juan. Si bien qu'il peut se permettre de dire la vérité puisqu'elle sera toujours perçue comme un mensonge. En somme, un homme politique, pour mentir, se contente le plus souvent de dire vrai. Le modèle de ce parler vrai-mensonger nous est donné par Freud dans *Le Mot d'esprit et ses rapports avec l'inconscient* : « Dans une gare de Galicie, deux Juifs se rencontrent dans un train. "Où tu vas ?" demande l'un. "A Cracovie" répond l'autre. "Regardez-moi ce menteur !" s'écrie le premier, furieux. "Si tu dis que tu vas à Cracovie, c'est bien que tu veux que je croie que tu vas à Lemberg. Seulement, moi je sais que tu vas vraiment à Cracovie. Alors, pourquoi tu mens ?»

Essayons donc de confronter les hommes politiques au *fait* de dire : Tu l'as dis, c'est comme ça, et voilà les conséquences... Il y a le dire et il y a les actes. On va aussi s'intéresser à leurs actes, c'est évident. Freud dit qu'une des caractéristiques des gens qui se présentent à un poste de très hautes responsabilités est que, au fond, ils ont une idée fixe. Ce sont des gens qui ont *une* idée. Dans le cas de Le Pen, c'est tout à fait frappant. Le Pen, à en croire le travail d'Ali Magoudi et de Pierre Jouve, est quelqu'un qui pense avoir une mission. Il se dit missionnaire. Il est absolument convaincu qu'il sera président de la République. Non seulement il le croit, mais il a réussi à en persuader tout son entourage. Il est tellement identifié à l'idée qu'il est porteur d'un message, qu'il met en scène la notion même d'une destinée dans ses actes politiques. Par exemple, en proposant l'image de Jeanne d'Arc, et en créant une espèce d'identification entre lui et Jeanne d'Arc. De même que Jeanne d'Arc a bouté les Anglais hors de France, lui bouterait les Arabes. Et après les Arabes, qui sait...

Autre exemple, François Mitterrand : on apprend récemment, mais on le savait déjà un petit peu, que dans le stalag, ses compatriotes et amis de captivité l'appelaient l'Empereur. Il y a effectivement chez Mitterrand, quand on le regarde à la télévision, une espèce de masque d'*imperator* romain, figé : l'homme semble absolument identifié à un destin.

Nous sommes donc amenés à nous demander ce qu'est cette catégorie d'êtres — je prends ces deux-là pour commencer —, qui est absolument convaincue d'avoir un destin. Ce n'est pas donné à tout le monde de pouvoir habiter un destin. La plupart pensent qu'ils ont une mission à remplir sur terre. Quel type d'individus est suffisamment illuminé pour croire qu'il est missionné ? Que le monde compte sur lui ? Plus exactement, à quel type psychique répond le fait de s'imaginer que son propre désir intéresse la marche du monde ?

On peut estimer que ceux qui n'ont pas ce genre d'idées n'ont aucune chance d'être élus. On va donc s'intéresser à ceux qui sont, d'une façon ou d'une autre, même s'ils ne le savent pas, convaincus qu'effectivement leur désir entre dans l'ordre de la nécessité.

Du point de vue analytique, ces gens-là sont ce que l'on appelle des pervers. Mais il n'y a pas que les pervers qui présentent ces caractéristiques : par exemple, Wilson n'est pas un pervers. C'est plutôt un grand névrosé qui n'est pas passé loin de la folie. Dans le cas de François Mitterrand, en revanche, on peut avoir des doutes ; dans le cas de Philippe de Villiers, ou de Le Pen, aussi. Cela pourrait donc nous amener, incidemment, à poser la question de savoir quelle est la fonction de la perversion dans la politique.

Comment, par exemple, se présente Le Pen ? C'est un paradoxe vivant, et qui nous intéresse, car plus on révèle le degré inouï de son amoralité, de son immoralité, de sa haine de la démocratie, de l'insondable distorsion des faits et des mots qui sont au principe de son action, plus on le répète, plus on dit qu'il a torturé, qu'il aurait détourné un héritage, etc., plus son électorat se renforce autour de lui.

Du coup, il faut se demander ce qu'il incarne dans la structure psychique dont je parlais tout à l'heure. Quelque chose du côté du ça, c'est-à-dire quelque chose du côté d'un déploiement pulsionnel, de la violence par exemple, quelque chose où il serait admiré par ceux qui le suivent parce que, justement, il transgresserait les lois de la République, parce qu'il serait fort, parce qu'il s'arrogerait le pouvoir de tuer alors que tous les autres y auraient renoncé ? Ou est-il du côté du surmoi, c'est-à-dire du côté de quelqu'un qui va non seulement vers des lois encore plus répressives que celles qui existent, mais qui va aussi gouverner la jouissance ? Dans le cas de Le Pen, il est difficile de dire de quel côté il se situe. Ma réponse, *a priori*, serait de dire qu'il est du côté du surmoi, pas du tout du côté du ça. Contrairement à Hitler, il n'autorisera aucun débordement pulsionnel. Et il n'est pas aimé parce qu'il laisse entrevoir qu'il autoriserait des débordements pulsionnels ; il est aimé parce que *lui* se déborde pulsionnellement alors qu'il interdit aux autres d'en faire autant.

Il se présente donc comme une espèce de père primitif, qui confisque la jouissance pour lui tout seul et qui fait rationner celle des autres. Mais en réalité, ce qu'il promet à son électorat, à ceux qui se laissent séduire, c'est ni plus ni moins que la schlague. Car Le Pen fait peur, c'est indéniable. Il fait tellement peur qu'un personnage comme Tapie s'est taillé un énorme succès sur le seul fait de se présenter comme étant l'un des rares à ne pas avoir peur. C'est dire à quel point les autres ont peur. En plus, on se demande de quoi ils ont peur. Peut-être simplement de quelqu'un qui n'hésite pas à affirmer son goût pour le meurtre ! Tous les autres, au contraire, se vantent de ne rien faire. Lui a mis les mains dans le sang, il sait de quoi il parle. Et il est prêt à y replonger.

Mais qu'est-ce que ça veut dire, si on y réfléchit trente secondes ? C'est assez simple. D'un côté, il s'affirme comme celui qui trempe ses mains dans le sang, et qui n'en éprouve aucune culpabilité, mais d'un autre côté, il interdit qu'on en parle. Il joue ainsi sur tous les tableaux.

Qu'est-ce qui peut bien séduire dans une telle dialectique ? Ce qui séduit, à mon sens, c'est tout simplement que n'importe quel quidam peut jouir de la possibilité de transgresser en s'identifiant à Le Pen, et continuer à se penser meilleur que les autres en s'identifiant à la partie de Le Pen qui dénie et qui efface. C'est-à-dire qu'il propose un « tout-bénéfice » : suivez-moi, vous pourrez à la fois transgresser sans vous sentir coupable et nier que vous avez transgressé. Il y a là quelque chose de très catholique : chacun aura reconnu un certain type de fonctionnement chrétien, celui qu'autorise la confession. Et d'ailleurs, l'ambiguïté, chez Le Pen, est de ce point de vue-là extrêmement travaillée : il est impossible de dire jusqu'à quel point le chef du Front national a véritablement des convictions catholiques. Ce qu'il a fait dans sa vie ne semble pas très catholique, mais en même temps, il va à la messe, il fréquente des intégristes, etc. Ce jeu avec l'ambiguïté, qui est aussi un jeu avec l'équivocité du langage, est ce qui piège l'électeur, exactement comme le miel piège les guêpes : ça les attire mais ça les englue de toute part.

L'autre aspect « séduisant » de Le Pen est son rapport à la question de la punition. Dans le livre de Magoudi et Jouve, l'un des auteurs lui demande ce qu'il pense de la psychanalyse. Jean-Marie Le Pen répond qu'il est contre la psychanalyse parce qu'il est pour la sanction. C'est absolument édifiant ! Tout à fait extraordinaire !

Qu'est-ce que ça veut dire ? Que pour lui la psychanalyse est ce qui empêche qu'il y ait des sanctions. C'est clair. C'est dire que ça empêche de mettre la sanction au poste de commandement, et c'est déjà tout un programme de dire cela, parce que la psychanalyse permet de comprendre. Et qui comprend pardonne, d'une certaine manière. Ainsi le programme que Le Pen est en train de nous tracer consiste-t-il à nous dire qu'à partir du moment où il sera au pouvoir, il ne sera plus question de comprendre. Il va devenir interdit de comprendre. Parce qu'il ne s'agira plus de comprendre ou de ne pas comprendre, mais d'obéir ou de ne pas obéir.

Ce sont des petites phrases de ce genre qui vont nous servir à tracer un portrait de plus en plus précis du personnage. Sur la même base, on interrogera d'autres hommes politiques. Non pas sur leur rapport à la psychanalyse, qui est plus ou moins anecdotique, mais sur le rapport qu'ils ont à leur parole. Et donc, grâce à Le Pen, on va aussi s'interroger, pour certains d'entre eux, sur le rapport qu'ils ont à la sanction : comment ils imaginent de sanctionner. Ça permettra de comprendre pourquoi, par exemple, Jean-Pierre Chevènement est un personnage antipathique. Parce que, aussi de gauche qu'il soit, on sent chez lui l'homme qui veut sanctionner. On sent l'homme d'ordre. Pas d'un ordre librement consenti, mais l'ordre au sens de la terreur révolutionnaire, qui n'a rien à envier à un autre type de terreur.

Interrogeons donc tous ces personnages sur leur rapport à leur parole. Pour chacun, il serait possible d'étudier, par exemple, le sort qu'il réserve à ses lapsus. Va-t-il immédiatement les dénier, les effacer, comme s'ils n'avaient pas existé : c'est juste la langue qui a fourché ? Ou tient-il compte de ses lapsus, soit sur le moment même, soit dans la suite de son travail ?

Leur rapport à la parole, c'est aussi le style, leur style. Pour bien faire, il aurait fallu sur ce sujet consacrer un chapitre à de Gaulle, pour montrer ce qu'est un vrai style. Dans le cas de Mitterrand, de son goût pour la littérature découle un certain type de rapport à la parole qui n'est évidemment pas celui de Charles Pasqua. En ce sens, ce n'est pas négligeable de voir le prince s'entourer d'Elie Wiesel, de Michel Tournier, de William Styron ou de Jacques Attali, ou autres personnalités de ce calibre, tandis que Pasqua choisit ses conseillers parmi les anciens leaders du mouvement Occident, d'Ordre nouveau, d'anciens prêtres comme Jean-Claude Barreau ou de personnages de ce genre. L'entourage compte aussi pour beaucoup, l'entourage, c'est déjà le style !

Reste encore cette question, essentielle pour tous les candidats à l'élection présidentielle comme pour ceux qui n'y vont pas, le goût du pouvoir. Qu'est-ce que ce goût du pouvoir ? En France, on va le voir pour chacun d'entre eux, ce goût est généralement monarchique : au fond de lui-même, pratiquement aucun n'est républicain. Ils peuvent s'affirmer tels pour une élection, mais au fond d'eux-mêmes, ils sont presque tous monarchistes. Et le meilleur exemple en est Valéry Giscard d'Estaing.

Ce dernier a réintroduit la fonction de la place vide. Ce n'est pas rien ! Chacun sait que Giscard d'Estaing, quand il s'est présenté aux élections et a été élu, a voulu donner de la fonction républicaine, en opposition à ce qu'elle avait été sous de Gaulle, une image démocratique. Il a remonté les Champs-Elysées à pied, il s'est promené en col roulé, il a invité à sa table les éboueurs, il est allé dîner à la bonne franquette — avec les caméras quand même... — dans les banlieues... On a eu un moment l'illusion de quelqu'un qui voulait démocratiser la fonction présidentielle. Mais dans le même temps, il essayait de faire entériner par les instances adéquates le fait qu'il aurait été un descendant de la famille de Louis XV, voire de Louis XV lui-même, ce qui aurait légitimé sa particule.

Et il croyait tellement à cette histoire, à laquelle son père avait cru, qu'au moment des fêtes célébrant l'intervention du corps expéditionnaire français pour l'indépendance des Etats-Unis, il a demandé à être reconnu comme noble, comme aristocrate. Ce à quoi le gotha international s'est bien sûr opposé. Il a alors recréé, à l'Elysée, ce qu'il avait, à tort, interprété comme l'étiquette monarchique !

Quand, par exemple, Margaret Thatcher ou Indira Gandhi venaient à l'Elysée, elles ne s'asseyaient pas en face de Giscard d'Estaing. Pourquoi ? Parce qu'elles étaient seulement Premiers ministres, et lui président de la République. Or, on n'assoit en face du roi qu'un autre roi. Quand il n'y avait pas de personnage à sa dimension à lui opposer, à lui mettre en face, la chaise restait vide. Ce qui a fait dire à l'un de ses ministres qu'il fut un jour assis « à droite de la place vide ».

C'est dire à quel point cette idée d'une monarchie républicaine est profondément inscrite dans les mœurs françaises, puisque si peu de gens s'en sont offusqués.

Pour Mitterrand, chacun le sait, cela s'appelle la cour. Lui, c'est le prince, on l'appelle même Dieu. Le clan élyséen, dit-on, est un clan monarchique, fonctionnant avec des prébendes, exactement comme une cour royale. Il est clair que si Philippe de Villiers avait la moindre chance d'être élu un jour président de la République, il ferait fonctionner l'Etat tout entier de cette façon. Mais de ce côté-là, je n'ai pas de grande crainte.

On pourrait se dire : Mais cette tendance monarchiste les touche-t-elle vraiment tous ? Est-ce en eux ou est-ce la fonction qui crée cette dérive ? Je croirais plutôt que le simple fait de vouloir être président de la République est déjà un consentement, un compromis avec les institutions républicaines, quelles qu'elles soient ; mais le désir qui amène à vouloir occuper cette fonction-là, cette place-là, ce désir n'est pas républicain. Jamais. Ce désir monarchiste, il faut le décrypter. Dans le cas de Giscard d'Estaing, c'est même assez amusant, et nombreux sont ceux qui s'y sont déjà exercés.

Mais où cela nous conduit-il ? Pour rendre compte de ce désir qui les atteint tous, la notion de mégalomanie serait-elle justifiée ? Au sens psychiatrique brut, la notion de mégalomanie ne serait acceptable que s'ils étaient convaincus d'être vraiment rois, et pas seulement s'ils aspiraient à l'être. Dans le cas de Giscard d'Estaing, cette histoire de la chaise vide paraît anodine et un tantinet ridicule. Mais il ne faut pas oublier comment il a quitté le pouvoir. Après l'élection de Mitterrand, Giscard d'Estaing est venu dire au revoir aux Français, puis il leur a tourné le dos et il est parti : et il a laissé en gros plan une chaise vide ! Ça voulait dire : celui qui me succède n'est pas à la hauteur. C'était une manière de délégitimer, du seul point de vue de l'étiquette aristocratique, son successeur. Evidemment, pour le comprendre, il fallait être au courant de la façon dont il interprète les codes qui gouvernent le gotha mondain. Mais ce n'était pas n'importe quelle chaise vide. C'était la chaise qui disait : comme il n'y a personne à mettre en face, je suis le roi. Et de faire équivaloir sa non-réélection à une destitution...

Le président battu était-il conscient ou inconscient de son geste ? L'hypothèse que je fais va nous permettre de nous dispenser d'avoir à répondre à cette question, qui pourrait devenir lancinante. D'ailleurs, en fait, peu importe. Ce qui nous intéresse, c'est la perspective ainsi ouverte. Est-ce qu'on peut, pour chacun de ces hommes politiques, dire ce qui de son désir politique est conscient ou inconscient, savoir même quel est ce désir ? Autrement dit, si l'on adhère au discours d'un candidat, peut-on savoir à quel fantasme on adhère ?

Par exemple, dans le cas de Le Pen : si on adhère à Le Pen, on adhère ni plus ni moins à un désir de destruction de toutes les institutions qui fondent l'Etat démocratique, du Parlement, de la famille, de toutes les valeurs, même si son discours explicite apparaît, au contraire, comme la défense de ces mêmes valeurs.

Si le suffrage universel se centre sur un personnage comme Giscard d'Estaing, on vote pour un autre type de désir, qui n'est pas celui de la destruction de l'appareil de l'Etat, mais qui est néanmoins celui de la destruction de l'appareil de l'Etat républicain.

Voter pour Mitterrand, c'était au contraire voter pour quelqu'un qui soutenait les institutions. C'est dans son soutien aux institutions que Mitterrand est le plus crédible. Malgré ses propensions à s'entourer de courtisans, c'est quelqu'un qui a toujours protégé les institutions et qui s'en est servi comme médiation entre lui et le peuple, le gouvernement, le parlement, etc. Mitterrand est quelqu'un qui croit aux institutions, et qui pense qu'elles seules sont garantes du fonctionnement démocratique. Ce rapport aux institutions est évidemment quelque chose que nous examinerons dans le détail.

Par exemple, ce qui s'est passé avec Balladur en septembre 1994 autour du domaine réservé de la fonction présidentielle n'a l'air de rien, mais c'est extrêmement grave. Il a voulu, quoi qu'on dise, battre en brèche ou au moins mettre en question le pouvoir du président de la République. Il a déjà écorné la fonction présidentielle pour le jour où il sera président, lui ou un autre, d'ailleurs. Son rapport aux institutions s'est ici trahi. En ayant ébréché le domaine réservé du président de la République, en ayant essayé de le faire, il a montré qu'en fait il ne se considérait pas lui-même comme garant des institutions. C'est un signe structural : dans ce geste, quelque chose fait indice pour analyser son désir dans la politique. C'est une entorse que les hommes politiques de droite veillent d'ordinaire à ne jamais commettre. Il s'agit de préserver les institutions telles quelles.

Ce sont des petits signes de ce type qui vont permettre d'aller à la rencontre des fantaisies auxquelles il est demandé au suffrage universel d'accorder sa bénédiction.

Bernard TAPIE

Gagner. — Ce verbe, par son étymologie germanique, a le sens de paître, qu'il a conservé en termes de chasse, et dans gagnage, qui veut dire pâturage.

Emile LITTRE, *Pathologie verbale, ou lésions de certains mots dans le cours de l'usage.*

Réussir n'est signe de rien.

Jacques LACAN.

Chaque homme politique, sur lequel nous essayons de dire un mot, plutôt que de cerner la totalité d'une personnalité qui ne peut pas se dire toute, pourrait être avantageusement classé en fonction de ce qu'il laisse percevoir de son rapport à son père. On pourrait dire que ce qui fait leur différence, ce sont *les pères qu'ils se sont construits.* Tout se passe comme si leur entrée dans la politique, leur comportement, et jusqu'à leur chute pour certains d'entre eux, étaient une réponse au Père, devenu l'Autre du politique, à savoir le corps électoral, le suffrage universel ou le parti.

La personne de Bernard Tapie ne dérogera pas à cette règle. Et, pour commencer à dire quelques petites choses à propos de ce qu'il éveille en nous,

nous allons reprendre un épisode qui le met justement en rapport avec le Père.

Une fois encore, de tels épisodes ne sont utilisables, dans le cadre du travail que nous nous proposons, que dans la mesure où l'auteur les raconte lui-même avec un dessein politique. C'est donc que l'homme politique croit utile, quelquefois, d'utiliser un souvenir d'enfance, telle scène privée, imaginée ou réelle, comme un argument en faveur de son plaidoyer idéologique. La question de savoir si la scène a vraiment existé ou si elle a été fantasmée n'importe pas plus que de savoir si tel souvenir-écran ne serait pas plutôt un vrai souvenir. Si c'est un souvenir-écran, il est écran au sens où, sur ce souvenir, se projettent différentes scènes qui, elles, sont bien réelles du point de vue de la réalité psychique.

Le lecteur verra plus loin que c'est à partir d'une de ces scènes entre le fils et le père que nous parviendrons à éclairer tel trait particulier de Jean-Marie Le Pen, et de ce à quoi la répétition involontaire et classée dans le champ du politique de cette tragi-comédie familiale l'entraînait. Puisque Tapie, d'une certaine manière, s'est donné une dimension politique nationale en s'opposant à Le Pen — puisqu'il a été le seul capable d'*affronter* Le Pen —, la question se pose de savoir comment ça s'est passé, pour lui, avec son père. Voici ce qu'il raconte dans *Gagner* :

« Mon père ne laissait jamais rien passer. Il est vrai que je préférais le handball à l'école. J'avais trouvé un poste au centre professionnel d'Aubervilliers et au club municipal où j'enseignais le handball. Le matin, je quittais la maison pour aller à l'école et, arrivé porte de la Villette, au lieu de prendre la direction de la porte de Clignancourt où était mon école, je partais vers la droite (*sic*). Je m'éclatais au ballon, et je me faisais des petits mots d'absence que je remettais à mes professeurs. Bien entendu, l'un d'entre eux découvrit un jour le pot aux roses et convoqua mon père. Je me rappellerai toute ma vie le soir où il est rentré, avec sa salopette bleue et sa petite sacoche ; lentement, sans rien dire, il a sorti un à un les mots d'absence de sa poche et, pour chacun, il me mettait une taloche, nette, forte. Il m'a dit à la fin : " Si je travaille comme un dingue, si je me défonce, si je me casse le cul à vous faire vivre, c'est pour que tu ailles à l'école, pour que tu apprennes, pour que tu aies ton instruction et pas pour que tu manques tes cours. " Si mon fils avait fait la même chose, je l'aurais au moins " couvert " à l'école, quitte à lui flanquer une correction après. Mon père, non. L'éducation laxiste, les enfants du docteur Spock, connaît pas. Pour lui, le devoir était primordial. Aller à l'école était un privilège, il fallait que j'accomplisse ce que l'on attendait, et il lui semblait tout à fait normal de prendre le parti du professeur contre moi ; c'est moi qui faillissais à ma tâche, qui n'en étais pas digne. »

Sans vouloir faire de comparaison trop poussée entre Jean-Marie Le Pen et Bernard Tapie, on notera des ressemblances, et des dissemblances. La ressemblance portera sur la correction sans parole : le père frappe comme frappera le père de

Le Pen ; et sur la façon dont le récit est organisé, à savoir que quelque chose qui, *a priori*, semble être un anodin comportement d'enfant prend des proportions quasi mythiques. Mais là où la différence est sensible, et c'est ce qui va nous intéresser par la suite, c'est que le père de Bernard Tapie est censé avoir dit quelque chose. Or ce qu'il dit — après avoir frappé, évidemment —, ce sont des propos qui visent à culpabiliser : « Tu n'as pas le droit de te comporter comme tu le fais parce que, moi, je me sacrifie pour toi. » Ce qui laisse entendre que le travail qui est demandé au jeune Bernard a une valeur sacrificielle, en retour du sacrifice fait par le père. Le travail est un sacrifice, un devoir, comme il dit, mais sacrifice est sans doute plus juste.

L'autre différence, et on s'en tiendra là pour ces dernières, est qu'immédiatement Bernard Tapie pense à la transmission et donc à son fils. Il se situe à la fois comme fils de son père et comme père de son fils. Et il note lui-même, à la différence de Jean-Marie Le Pen, que tout ce que son père a fait à ce moment-là ne lui paraît pas acceptable. Et, notamment, qu'il se ferait fort, lui, tout en sévissant, de ne pas donner tort à son fils devant le pouvoir en place qu'on pourrait imaginer comme un équivalent du pouvoir politique ou judiciaire. L'idée qu'il pourrait « couvrir » son fils est une idée à la fois amusante mais aussi tout à fait sérieuse, puisqu'elle indique les limites de la moralité du personnage.

Cette affaire de transmission n'est pas anecdotique, et je vais y revenir tout de suite. Mais, auparavant, remarquons que, dans le désaveu relatif de Bernard Tapie à l'endroit de son père, ce qu'il lui reproche est de lui avoir donné tort vis-à-vis de ses professeurs. C'est-à-dire, au fond, sa soumission. Là, est une idée clé, probablement, du personnage.

Je crois que ce que Bernard Tapie n'a jamais supporté, ce n'est pas seulement la soumission, comme il le dit lui-même, mais la soumission de son père. En ce point, il évoque irrésistiblement ce passage de *L'Interprétation des rêves* dans lequel Freud raconte que son père, lui faisant part d'une anecdote au cours de laquelle un Autrichien avait balancé son bonnet dans le caniveau, le jeune Sigmund lui ayant demandé comment il avait réagi, le père avait dit qu'il était descendu du trottoir et l'avait ramassé. Le jeune Sigmund avait estimé cette scène absolument indigne de la fonction paternelle. On peut imaginer qu'il avait trouvé là la source de toutes les fantasmagories qui allaient lui permettre de substituer à ce père, vécu à un moment comme soumis et défaillant, la longue ribambelle de pères imaginaires qui, eux, étaient dignes et ne pliaient pas devant l'autorité, tels Hannibal, Moïse, et d'autres...

Bernard Tapie a, incontestablement, des soucis avec la soumission, avec l'autorité. Au passage, remarquons qu'il ne met absolument pas en cause la légitimité de ses mots d'absence, qui étaient autant de faux, dans la mesure où il ne lui paraît pas évident que de signer des mots à la place de son père ou de sa mère puisse constituer une faute. La question se pose donc de savoir à partir de quel moment il pense ou non qu'il y a faute. Au moins ici, il estime que son père aurait dû lui donner raison même en partie, plutôt qu'au professeur à qui ces mots étaient adressés — conséquence, peut-être, de ce que la réprimande attribuée au père porte sur l'absence à l'école et non sur les faux.

Si nous rapprochons cet épisode d'autres éléments biographiques de la vie de Bernard Tapie, qui sont de notoriété publique, nous allons nous demander comment il est possible d'expliquer à la fois la formidable popularité du personnage, et ce qui nous apparaîtra comme l'inverse de ce que nous découvrirons à propos d'autres hommes politiques, à savoir la sensation qu'il donne, lui, d'être une personnalité profondément unifiée, qui ne connaît pas la division.

A ce sujet, un court document télévisé diffusé à l'automne 1994 dans l'émission « Surprise sur prise », à l'occasion d'un débat enregistré à son insu entre un enfant de dix ans et lui-même, portant sur les rapports de chacun d'entre eux à la psychanalyse, nous a permis de constater que Bernard Tapie était à la ville comme à la scène. Il a la même faconde, le même humour, la même impatience, les mêmes exigences, les mêmes agacements et aussi les mêmes œillères.

Aurions-nous, en nous intéressant à Bernard Tapie, mis la main sur quelqu'un qui ne connaît ni la division du moi, ni la division du sujet ? Un tel être, qui n'est traversé ni par l'équivoque du langage, ni par le manque de l'objet qui est à la source du désir, est-il simplement imaginable ? Certainement pas. Mais on peut d'ores et déjà apercevoir qu'il nous sera beaucoup plus difficile, avec ce personnage, de situer précisément le manque diviseur et fondateur. Cette particularité tient à ce que la façon dont Bernard Tapie s'introduit dans le jeu politique, et cela ressort de son ouvrage *Gagner*, est celle d'un vendeur ou d'un commis voyageur : Bernard Tapie est peut-être constamment dans un rôle, mais il ne cesse pas de le jouer quand il revient dans les vestiaires. Il vend, en permanence — et il *se* vend —, il ne cesse jamais.

Là résident sans doute sa feinte la plus extraordinaire, mais aussi sa faiblesse majeure. En effet, ne cessant pas de bluffer, de *jouer* au sens où il serait constamment sur une scène de théâtre, il finit par se convaincre lui-même que ses mensonges sont des vérités, et ses demi-vérités des vérités avérées. Un peu comme un vendeur de potions miracles qui oublierait que le produit n'a pas d'autre but que d'être vendu, et qui finirait par croire lui-même à ses vertus, au point d'en prendre lui-même. Ou comme un dealer qui vendrait de la drogue mais qui en consommerait également. Ce qui, de fait, lui donnerait une certaine unité.

Je disais donc que Bernard Tapie bluffe sans arrêt. Il a de surcroît une manière très particulière de bluffer, dont il parle dans une interview à *L'Evénement du jeudi* en juin 1992. A la question : « Etes-vous un homme d'esbroufe ? », il répond : « J'ai une passion pour mes projets. J'anticipe par annonce, mais je ne mens pas. C'est pas de l'esbroufe, le bruit que je fais. C'est plutôt une sorte de superstition : je conjure le sort. Je me dis : “ Si t'y arrives pas, ça ira mal pour toi. ” »

Voilà une réponse qui a le mérite de la clarté, et peut-être davantage encore, parce qu'elle pourrait nous amener à réfléchir sur la fonction du mensonge. Pour ce qui est de la superstition, rappelons ce qu'en dit Spinoza dans le *Traité théologico-politique* : elle est la croyance que la nature a le même délire que nous.

Du mensonge, il a raison de rappeler qu'il existe une forme qui n'est qu'une forme d'anticipation, c'est-à-dire une forme d'incitation pour le sujet à avancer. Certains mensonges peuvent être qualifiés de programmatiques. Ainsi en est-il pour Bernard Tapie : ce n'est pas qu'il ment, mais s'il ne se donne pas un but en imaginant que ce qui n'est pas encore est déjà, il n'avance pas. Mais, et tout le problème est là, que ce soit un mensonge programmatique ou une superstition, comme il le dit si joliment, il n'empêche que c'est un mensonge.

Ce qui caractérise la façon de mentir de Bernard Tapie — en dehors du fait que, comme il en fait l'aveu lui-même, il s'agit de quelque chose qui le propulse d'une figure rhétorique dans son désir — consiste à ne pas entrer dans le code, à rester toujours décalé, à exploiter ce décalage qui tient à sa naissance opposée au milieu qu'il fréquente. Il se sait décalé, dépourvu des diplômes et des origines sociales qui lui permettraient de jouer à parts égales avec les grands de ce monde, ou en tout cas avec les grands de ce pays — et de cela il va tirer un bénéfice certain en tentant d'exploiter cette différence.

Le résultat est que Bernard Tapie ne va pas cesser de casser les codes implicites de ceux qui ne veulent pas l'accepter dans leur coterie. D'où un effet de sincérité. Mais qu'il faut aussitôt évaluer : il est certes sincère en ne jouant pas le jeu de l'hypocrisie sociale, ni celui de l'hypocrisie politique ou médiatique. Mais pour autant, quand il casse le jeu en question, on remarquera que c'est toujours à son profit. Et cela ne signifie absolument pas qu'il le casse en disant, lui, la vérité. Car pour casser le jeu du mensonge politique, il ne suffit pas de dire la vérité. Il s'agit de tout autre chose : ce qu'il dénonce constamment chez les autres, ce sont les petites complicités qui font que le mensonge se fait sur le dos de ceux à qui on s'adresse. Mais, par là même, il fait lui-même un autre mensonge, si on peut dire, mais dont le fondement est tout autre.

Au point de départ de ce refus de jouer selon les règles communément admises par un groupe social, ici celui des hommes politiques, on trouve ce qu'il affirme dès le début de son ouvrage : le refus de s'incliner devant l'autorité suprême. Le désir, donc, de réparer ce qui, *a priori*, semble avoir été la position de son père, en tout cas dans ce qu'il en dit, à l'endroit de ces mêmes autorités.

Ce processus, qui consiste à prendre à son compte le désir du père là où il s'est montré défaillant, est connu en psychanalyse comme un processus hystérique : il est généralement le fait des jeunes filles « de pensionnat » qui se mettent en situation de soutenir le désir inabouti, inassumé ou inassouvi du père. Peut-être pouvons-nous imaginer que c'est précisément dans ce relais du désir du père, qu'on pourrait qualifier de quelque peu féminin, que Bernard Tapie va trouver la source de son engouement pour le sport, avec ce que le sport entraîne avec lui d'armoiries masculines et de poudre aux yeux de la virilité, pour masquer, peut-être, une féminité à l'endroit de la fonction paternelle.

Le père, quand il est soumis, fait peur à l'enfant. Pour se conserver un père, ce qui signifie avoir peur de lui, le sujet n'a d'autre choix que de nier la défaillance du désir paternel, l'impossibilité, pour le père, de s'assumer totalement dans le désir qui le fonde, toujours défaillant, c'est-à-dire inhumain.

A cet égard, Bernard Tapie n'échappe pas à la loi commune : il fait, et il ne fait pas, avec le père qu'il a. Mais on peut penser qu'il a toujours eu peur de son père, et que toutes ces petites ou grandes révoltes à l'égard de l'autorité, qu'elle soit policière ou politique, s'accompagnent d'une grande peur, une peur qui lui donne des ailes. Le culot manifeste qui est le sien ne tient en réalité que dans la mesure où il se place au niveau de sa peur. Ce qui en fait d'ailleurs un personnage tout à fait sympathique, qui ne cesse de vaincre sa peur, qui lutte constamment contre elle, mais qui en fait aussi un individu velléitaire, qui, chaque fois qu'il a réussi à vaincre sa peur dans tel ou tel domaine, abandonne ce qu'il a commencé pour mettre à nouveau à l'épreuve sa capacité à vaincre cette peur dans un autre domaine. D'où cette impression de dispersion totale, qui n'est pas forcément du meilleur aloi.

Je le disais plus haut, le trait particulier du personnage tient à cette manière de donner de lui une image unifiée, et d'arriver à faire croire qu'il ne s'embarrasse pas de conflits. Nous venons de voir que ce n'est peut-être pas tout à fait vrai. Mais prenons l'hypothèse au sérieux, et demandons-nous effectivement de quel métal Bernard Tapie est fait, et s'il est possible que son bon sens, sa faconde et sa grande gueule fassent de lui un personnage qui, à la différence des intellectuels, ne serait pas torturé.

Puisque j'ai parlé de métal, je voudrais citer une métaphore qu'il utilise, toujours dans cette interview à *L'Evénement du jeudi*, réalisée par Liliane Sichler. Alors qu'il vient de dire que toute société a besoin de guide, de lumière, et que ces guides et ces lumières ne viennent jamais du bas, Liliane Sichler lui pose la question : « Vous voulez être l'un de ces guides ? » A quoi il répond la chose suivante : « Je vais vous raconter une histoire : il est impossible de souder de l'aluminium sur de l'acier. Pour y parvenir, on prend dix mètres carrés d'acier sur lesquels on pose une tôle de dix mètres carrés d'alu, et cent kilos de dynamite. On recouvre de terre et on fait exploser. On obtient alors une feuille tricotée d'acier et d'alu. Avec cette feuille, on fait coller de l'acier sur de l'alu. Moi, c'est pareil. La fonction publique et le marché sont réputés insoudables entre eux. Je peux être la feuille qui les fera coller. »

La métaphore est jolie, séduisante, mais elle laisse un reste, comme toute métaphore d'ailleurs. Ce reste pourrait être ainsi formulé : dans cette image, est-il si sûr que Bernard Tapie s'identifie à la feuille d'acier et d'alu, ou bien tout son comportement politique et tout ce qu'il a fait depuis qu'il est devenu un personnage publique ne nous inciterait-il pas à penser qu'il s'identifie en fait à la dynamite, ou qu'il est inconsciemment identifié à elle ? Si c'était le cas, on comprendrait pourquoi, partout où il passe, il joue le rôle de la dynamite — une dynamite qui aurait pour fonction, comme il le dit lui-même, de faire que l'acier et l'alu tiennent ensemble. Bernard Tapie est quelqu'un qui veut faire sauter la baraque, pour que la baraque tienne debout. Mais il ne faut jamais perdre de vue que son but est de faire sauter la baraque. Et cent kilos de dynamite, c'est dangereux.

Bernard Tapie parviendra-t-il à faire qu'effectivement l'acier et l'alu tiennent ensemble ? Si on filait la métaphore, que serait pour lui l'acier et que serait l'alu ? Je pense que Bernard Tapie veut faire tenir ensemble — il l'a dit à plusieurs reprises : il est contre l'idée de la lutte des classes — les banlieues et les villes, pour le dire dans le langage d'aujourd'hui, le prolétariat et la bourgeoisie. Il incarne d'ailleurs lui-même ce profond désir de faire tenir ensemble le riche propriétaire du *Phocéa* et d'un hôtel particulier rue des Saints-Pères, et le baroudeur au langage populaire, joueur de foot dans les banlieues, avec les jeunes beurs des quartiers nord de Marseille. C'est cela, l'acier et l'alu. On remarquera qu'être la dynamite, plutôt que la feuille d'alu, mais se proposer comme la feuille d'alu, plus exactement comme la feuille d'acier et l'alu mélangés, là est le lieu d'une formidable méprise. Car si nous devons, pour revenir à ce que nous disions tout à l'heure, essayer de comprendre où est le mensonge, on l'a trouvé : il est là. La feuille tricotée d'acier et d'alu dissimule un redoutable potentiel explosif, condition de sa fabrication.

Par ailleurs, Bernard Tapie raconte dans *Gagner* ses débuts de vendeur. L'anecdote est piquante, puisqu'il s'agissait de secourir un jeune VRP qui avait essayé de lui fourguer un poste de télévision, à une époque où peu de gens avaient encore la télévision, et qui lui avait fait, très jeune, apercevoir qu'il s'y prenait très mal. Pour vendre, lui avait-il démontré, il faut convaincre. Et pour convaincre, voilà ses mots : « L'argumentation de vente n'est en fait rien d'autre qu'un langage qui doit s'orienter dans le sens de ce que votre interlocuteur a envie d'entendre. Que font d'ailleurs les hommes politiques ? Ils adoptent exactement la même démarche. Quand ils sont face au public, ils essaient toujours de le caresser dans le sens du poil. Quand je veux vendre un produit, j'y mets toute ma force de conviction, toute ma volonté, toute mon âme. Mais quand je parle de valeur ou d'éthique, je n'hésite jamais à aller à contre-courant. »

Alors, de deux choses l'une. Ou Bernard Tapie a deux éthiques — une pour vendre et une pour faire de la politique —, et on peut alors se demander à laquelle il adhère. Ou bien l'argumentation « j'ai deux éthiques, une pour vendre et une pour faire de la politique » est justement une argumentation de vendeur, c'est-à-dire que c'est comme cela qu'il nous vend son rôle en politique. J'opterais plutôt pour la deuxième solution. Parce que, précisément, c'est dans la mesure où il dit que l'argumentation n'est rien d'autre qu'un langage orienté dans le sens de ce que l'acheteur a envie d'entendre — ici, donc, l'électeur — que nous pouvons éprouver le vague sentiment de son unité, alors que tout démontre, ne serait-ce qu'une phrase comme celle-là, qu'il n'en est rien, parce qu'il nous fait, en nous servant ce que nous avons envie d'entendre, vaguement sentir le sentiment de notre propre unité. Il nous fait oublier notre propre division. Au contraire d'un François Mitterrand qui nous met d'emblée mal à l'aise en suscitant en nous une division entre ce que nous pouvons sentir et ce que nous pouvons réfléchir, il est clair, dans le cas de Bernard Tapie, qu'il faut que nous nous forcions un petit peu, que nous dépassions la sympathie immédiate, pour arriver au même résultat. Pourquoi ? Tout simplement parce qu'il apporte à notre narcissisme le minimum de satisfaction nous permettant, au moins un instant, d'oublier que nous ne sommes pas plus *un* que lui.

Pour finir, je voudrais revenir sur ce qu'il dit de la transmission de l'éducation qu'il a reçue à son fils. Plus exactement, il dit comment il fait un pas de côté par rapport à cette éducation. Qu'on me permette de raconter à ce sujet l'histoire suivante :

Un jour un papa oiseau, sur une île pas trop éloignée du continent, avec son instinct d'oiseau, sent venir un raz de marée. Ce papa oiseau a trois petits oisillons dans le nid, qu'il doit absolument transporter sur le continent s'il veut leur sauver la vie. Il lui reste peu de temps, il le sent. Il prend le premier dans ses serres, et, en traversant le bras de mer qui le sépare de la terre, demande à son fils : « Tu vois ce que je fais pour toi : au péril de ma vie je sauve la tienne. Si, plus tard, j'ai besoin que tu fasses la même chose pour moi, le feras-tu ? » L'oiseau se récrie : « Mais papa, comment peux-tu en douter, bien évidemment je ferai ça pour toi », effrayé qu'il est dans les pattes de son père. Ce sur quoi le père ouvre ses serres et laisse tomber l'oiseau dans la mer (dans la mère !).

Il va chercher le deuxième. A mi-chemin, il pose la même question et obtient sensiblement la même réponse. De la même façon, il ouvre ses serres et le laisse tomber dans la mer.

Puis il va chercher le dernier, et lui pose la même question. Et le dernier lui dit : « Ecoute, papa, ce que je ferai pour toi quand tu seras vieux, je n'en sais rien, et je ne peux rien te promettre, mais la seule chose que je peux te dire est que je m'engage à faire pour mon propre fils ce que tu as fait pour moi aujourd'hui. » Et celui-là, il le sauve et l'emmène sur le continent.

Hormis le fait que cette histoire, évidemment, nous enseigne que c'est de l'avant qu'il faut aller — et non pas au nom de la gratitude, dans un éternel retour qui n'en finit pas de nous faire mourir —, au-delà de la morale immédiate de cette fable, je l'utilise parce que Bernard Tapie est en train de nous raconter sensiblement la même chose. A savoir que, lui, il n'agirait point tant pour rendre à son père ce que son père lui a donné, que pour permettre à son fils d'agir avec son propre fils d'une façon qui tiendra compte de ce qu'il a fait.

Là où est l'astuce, là où le bât blesse, c'est dans le fait que le père, en invoquant son sacrifice, a introduit la culpabilité. Par là, Bernard Tapie se trouve être en dette. Et personne ne s'étonnera du fait que cette créance, qui est insolvable, et qui le ramène constamment en arrière, ne peut que le mettre dans la situation où il est aujourd'hui, celle d'un homme couvert de dettes.

Et s'il y avait quelque raison de se demander vers quoi Bernard Tapie veut nous entraîner, en nous demandant de légitimer son accession à de hautes responsabilités politiques — que ce soit maire d'une grande ville, ou éventuellement président de la République —, c'est peut-être à payer, à nous faire payer et à payer avec lui, une dette qui est de toute façon impayable quand elle est posée dans ces termes.

Edouard BALLADUR

Je hais le mouvement qui déplace les lignes,
Et jamais je ne pleure, et jamais je ne ris.

Charles BAUDELAIRE.

« Je n'ai aucune imagination. » C'est ce que déclare Edouard Balladur à qui veut l'entendre et que nous rapporte Claire Chazal dans son ouvrage. Là encore, il nous faut prendre cette déclaration à la lettre, à la fois comme une déclaration politique et comme un programme, c'est-à-dire comme une déclaration qui dit la vérité sur ce qui motive et permet à Edouard Balladur de mener la politique qu'il mène.

De fait, nous pouvons, depuis maintenant presque deux ans, constater qu'il disait vrai. Il n'a aucune imagination.

Quelles sont les conséquences d'une telle privation, d'autant que celle-ci est proférée, à l'instar d'une formule politique, c'est-à-dire comme visant à recueillir des suffrages ? La première chose qui découle de cette affirmation est que tout se passe comme si Edouard Balladur disait aux Français : « Vous pouvez me faire confiance, parce que je suis celui qui n'a pas d'imagination, celui qui ne fantasme pas, celui qui ne rêve pas et qui donc ne vous entraînera pas dans ses utopies ; je suis un homme raisonnable. »

D'abord, demandons-nous si quelqu'un qui n'a pas d'imagination existe. Et si c'est le cas, est-ce quelqu'un à qui on peut faire confiance ? Quelle place vise-t-il à occuper dans le psychisme de ceux qu'il essaie de séduire en se présentant comme dépourvu d'imagination ? Dans la pratique analytique, les patients qui n'ont pas d'imagination, qui sont exclus de l'imagination, ce sont les psychotiques. Loin de moi l'idée de dire qu'Edouard Balladur est un psychotique, mais en affirmant *urbi et orbi* — expression qui lui va fort bien — qu'il n'a pas d'imagination, il nous propose ni plus ni moins de nous identifier à un idéal psychotique. Comment faire comprendre que le fou est celui qui n'a pas d'imagination ?

Tout d'abord, le psychotique n'est pas celui qui dit : « Je n'ai pas d'imagination. » C'est celui qui, réellement, n'a aucun accès à l'imaginaire. Prenons un exemple très simple, qui fera saisir à tout le monde de quoi il retourne. Nous pourrions dire qu'un psychotique est quelqu'un qui refuse de boire un verre d'eau parce qu'il a entendu dire un jour qu'on pouvait s'y noyer. La dimension de la métaphore lui fait défaut. Les mots collent aux choses, il n'y a pas entre eux et elles l'espace dans lequel agit tout un chacun : l'espace du fantasme, de l'imaginaire, de la création.

Michel Tournier raconte dans *Les Météores* l'histoire d'un enfant fou, totalement identifié au calendrier, et qui s'était noyé en pleine mer après que sa nourrice eut dit à la cantonade : « Il n'y a plus de saison. »

Une affirmation comme : « Je n'ai pas d'imagination », signifie donc : « N'attendez de moi aucune création. »

Encore une fois, le psychotique ne dirait pas cela, et c'est pourquoi je ne prétends pas que M. Balladur soit un psychotique. Mais je dis que le programme qu'il propose aux Français, en s'affirmant d'emblée comme dépourvu d'imagination, nous invite à cesser de rêver.

Evidemment, chacun s'en est aperçu, l'énigme politique posée aujourd'hui est de savoir pourquoi un homme qui propose de ne pas rêver peut s'avérer aussi populaire. Mais il y a des réponses à cela que les politologues feront mieux que moi. On peut par exemple estimer que les rêves des derniers siècles ont apporté tant de catastrophes que les Français se retrouvent dans un état de léthargie profonde, et se méfient de leurs propres rêves. Mais en même temps, ce genre d'explication, qui certes a sa valeur — on est bien obligé de tenir compte de l'échec des idéologies dans l'élaboration de la politique aujourd'hui —, ne dit pas tout. Il ne dit pas qu'être populaire parce qu'on invite à ne pas rêver, c'est tout simplement être populaire parce qu'on propose un repos, une pause.

A mon sens, Edouard Balladur n'est populaire aujourd'hui que dans la mesure où il propose aux Français de dormir confortablement. Mais d'un sommeil sans rêve : pas le sommeil paradoxal, mais le sommeil le plus profond, cette phase pendant laquelle il n'y a pas de rêve. Et qui dit pas de rêve, dit pas de désir. Le Premier ministre invite les Français, pour l'instant, les choses étant ce qu'elles sont en France et dans l'économie planétaire, à se reposer du désir.

Freud nous a appris que la meilleure façon de se reposer du désir est de sombrer dans l'amour. Selon lui, la grande différence entre le désir et l'amour, c'est précisément que l'amour est un temps pendant lequel on vit l'attente de la résurrection du désir. Le désir n'étant pas continu, il se présente à nous par éclipses, de façon discontinue. Entre les temps d'émergence du désir, vient se loger l'amour, comme l'état qui permet de supporter l'absence de désir, ou en tout cas son endormissement.

Pourquoi en est-il ainsi ? Ne pas être viscéralement lié à notre désir induit un état que l'homme supporte mal, parce que c'est un état non créatif, et qu'il a donc ceci de particulier qu'il suscite un fort sentiment de culpabilité. Or, la seule façon de supporter sa culpabilité, quand on n'est ni créatif, ni porté par le désir, c'est justement l'amour. L'amour est la condition qui permet de se supporter pendant qu'on est défaillant à l'égard de son propre désir.

C'est dire qu'il y a entre l'amour et la culpabilité les liens les plus étroits. On pourrait presque avancer : est d'autant plus amoureux celui qui se sait — ou ne se sait pas mais qui, de fait, est — véritablement coupable. Coupable non pas à l'égard d'autrui — ce qui serait la culpabilité au sens religieux —, mais coupable à l'égard de soi-même, c'est-à-dire coupable de ne pas avoir donné suite à son désir.

En somme, Edouard Balladur nous invite, par sa formule, à une espèce de grande communion. Rappelons que la communion est ce que la religion nous a appris à considérer comme étant l'état dans lequel un groupe humain se reconnaît dans l'amour d'un objet, ou d'un personnage, ou d'un idéal. Or, il n'est pas sûr qu'il faille miser sur l'amour comme quelque chose de durable. Ce à quoi Balladur nous entraîne, c'est donc un état de communion. Et la communion, c'est ce qui se passe quand il n'y a pas de communication. Et la communion sans la communication, c'est ce que, après Lacan, nous appellerons la haine.

Les analystes sont bien placés pour savoir que la haine est toujours là, sur la frontière de l'amour, qu'elle est sa réversibilité. C'est dire qu'un état comme celui que connaît la France actuellement, loin de nous rassurer, devrait plutôt nous inquiéter.

Cela étant, quand Edouard Balladur nous propose de vivre cet état d'amour qui nous permet de nous supporter non désirants, donc non créatifs, ne nous « refile-t-il » pas, en contrebande, un fantasme selon lequel il y a du mouvement dans l'immobilité ? Ce fantasme pourrait encore s'énoncer ainsi : comment faire — et ce n'est pas loin de la quadrature du cercle — pour que ça bouge tout en restant immobile ?

Nous évoquerons, à propos de François Mitterrand, l'une de ses caractéristiques : sa méfiance à l'égard de l'idéalisation des grands hommes. C'est un trait de caractère qu'il partage avec Edouard Balladur. Mais à la grande différence du premier, le second ne désidéalise pas les grands hommes par conviction plus ou moins politique, mais bien plutôt parce que sa crainte majeure est d'être trompé. Et s'il propose le mouvement dans l'immobilité, c'est également parce que sa plus grande crainte est d'être dupe. Dans son ouvrage *Des modes et des convictions*, Edouard Balladur estime que rien n'est pire pour l'être humain que de céder à sa tendance à s'illusionner ; mais il reconnaît qu'en même temps il n'est nulle politique possible qui ne tienne compte de la réalité de cette tendance. De sorte que, tout en en admettant le poids, il tente de proposer un schéma politique directeur qui amoindrirait les effet dévastateurs de cette duperie si bien partagée.

François Mitterrand, lui, garde dans sa désidéalisation, son travail de réalisme historique, un point d'idéalité qui a sa faille, comme les récents événements en ont témoigné, et qui est un idéalisme de l'amitié et des institutions. Chez Edouard Balladur, pour autant qu'on sache, cette faille n'existe pas. Dans son ouvrage, l'expression qui revient le plus souvent, sous toutes ses formes, est : « sans être dupe ».

Je prends le texte au hasard... « Ne pas se résigner : sans être dupe, il faut tenir fermement ses deux bouts, s'efforcer d'être à la fois clairvoyant et volontaire, lucide et actif. » Plus loin : « Mieux vaut servir l'homme sans se leurrer, en sachant quel il est, capable du meilleur et du pire. (...) Le culte voué à des surhommes qui ne sont tels que dans nos imaginations manifeste aussi le goût primitif d'admirer à tout prix, de nous donner des modèles sans fêlure que nous croyons être plus que nous-mêmes. Le premier devoir d'un esprit libre est de le démystifier. »

Ce florilège, qu'on pourrait continuer longtemps, me rappelle le jeu de mots qu'utilisait Jacques Lacan à propos des noms du père, qu'il faisait jouer en : seuls les non-dupes errent. Plus qu'à tout autre, cette formule semble adaptée au programme politique que propose Edouard Balladur : l'errance dans l'immobilité pourrait être la formule qui résoudrait au mieux ce qui correspond à ce que, finalement, chacun d'entre nous recherche. C'est-à-dire la possibilité d'être à la fois vivant et mort, soit de satisfaire l'ensemble des pulsions de vie et l'ensemble des pulsions de mort, à la fois le réel et le symbolique — le symbolique étant du côté des pulsions de mort et le réel du côté des pulsions de vie. Qu'est-ce à dire, si nous creusons un peu cette affaire ?

Dans son livre, Edouard Balladur recense tous les hommes politiques qui ont eu quelque importance au cours d'une période qui va de la fin du XIXe siècle jusqu'à nos jours. L'auteur vise essentiellement à démontrer que tous ces hommes n'ont eu de cesse que de nous duper. Que ce soit Mao, Lénine, Trotski, Léon Blum ou bien d'autres, à tous il fait le reproche essentiel d'être les hommes d'une idée — idée qu'ils ont menée plus ou moins à bien, dans un temps historique donné —, mais qui, à partir de là, se sont accrochés au pouvoir au nom de cette idée et n'y ont pas renoncé. Selon lui, tout le malheur vient de ce que, sur le crédit qui leur était fait, et donc sur la base de leurs idées, ils ont continué à mener des actions, profitant du capital d'idéalisation qu'ils avaient ainsi engrangé. Il n'y en a que deux à qui ce reproche n'est pas adressé, de Gaulle et Pompidou. On s'attendrait que, pour chacun d'eux, il répète la démonstration. Eh bien non, justement. De Gaulle n'a pas failli, et Pompidou moins encore. C'est dire la limite du propos. C'est dire aussi qu'on a beau se vouloir non dupe, dupe on l'est toujours un petit peu.

Mais très peu, parce que, précisément, il est persuadé que ni de Gaulle ni Pompidou n'étaient des rêveurs, des utopistes. Or, au fond, qu'est-ce qu'un utopiste ? Un utopiste est-il moins dans le réel politique qu'un conservateur, qui bouge dans l'immobilité ? Aucun moyen de le savoir sur l'instant. Un utopiste, s'il est suivi, devient un formidable fomentateur de bouleversements sociaux. Seul, il reste un doux délirant. Mais on ne saura qu'*après coup* si son utopie se fondait sur des inspirations bien réelles, ou sur un pur délire ; si son utopie était totalement déconnectée de la réalité, ou si elle exprimait la réalité inaperçue du moment.

Pourquoi cette digression ? Juste pour dire qu'être non dupe est une position qui permet de ne s'engager dans aucune utopie, dans rien qui pourrait permettre que les choses changent. C'est une position à la fois confortable et inconfortable. Confortable parce qu'elle permet de pouvoir se dire, avant et après, qu'on ne s'est pas trompé. Et inconfortable parce que cela oblige à tenir compte de l'activité des utopistes — puisque ce n'est jamais celui qui occupe cette position qui fait changer le monde, mais toujours les utopistes.

Nous pourrions dire qu'Edouard Balladur incarne à la fois ce confort et cet inconfort. Seuls les non-dupes errent, disait donc Lacan, parce que précisément leur errance est faite de ceci qu'ils ne se trompent pas. Jamais ! Ils ne se trompent pas, parce qu'ils ne s'engagent pas, et que rien ne les engage. Alors, s'il fallait les référer à une catégorie clinique quelconque, ce serait difficile. Mais au moins peut-on articuler à leur sujet, en se référant à cet immobilisme et à cette crainte d'être dupés, qu'ils sont soit du côté du moralisme — je pense à la tradition française de La Rochefoucauld, Chamfort et d'autres, c'est-à-dire une espèce de lucidité *a priori* sur la bassesse de l'homme, le mal qui nous habite, le narcissisme ou l'égotisme, pour parler comme Stendhal, qui fonde nos actions —, soit du côté du cynisme, qui consiste à dire : « De toute façon, comme l'enseigne l'Ecclésiaste, rien de nouveau sous le soleil, rien ne changera jamais, autant être porté par le fond réel de l'histoire qui est l'immobilité. »

Edouard Balladur se défend pourtant d'être un cynique. Il dit même qu'il n'aime pas les cyniques. Mais c'est parce qu'il n'aperçoit pas que le moralisme à la française n'en est pas loin. Il n'en est que son antenne.

Revenons à cette question de l'amour et du désir. On pourrait, à partir d'Edouard Balladur, distinguer deux sortes d'hommes politiques parmi ceux qui essaient de gagner nos suffrages : les uns essaient de susciter notre désir, les autres de susciter l'amour.

Je le disais plus haut, l'amour est ce qui accompagne la culpabilité, de cette sorte de culpabilité qui résulte non pas d'une faute à l'égard d'autrui, mais bien d'une faute à l'égard de soi-même — celle de ne pas avoir accédé ou réalisé son désir, d'être resté en deçà de ce que notre désir nous portait à faire. L'amour, donc, s'édifie sur l'exploitation de cette culpabilité.

L'homme politique qui suscite notre désir a ceci de différent de celui que peut incarner Edouard Balladur qu'il se présente comme celui qui porte haut le fait qu'il y a du manque. Le manque est non pas ce qu'il nous faut combler, mais ce qui nous pousse à agir et justement à sortir de la culpabilité. De cela, nous avons un indice dans l'extension éhontée de l'humanitaire comme substitut du politique. Or, qu'est-ce que l'humanitaire sinon, comme nous le fait entendre la langue française, un moyen pour se taire sur l'humain.

Certes, comme le dit Balladur, d'une façon dont il faut d'ailleurs bien dire qu'elle est un peu ressassée, le révolutionnaire, l'homme de désir, finit le plus souvent par devenir identique à celui qu'il a chassé et construit un système qui ressemble à celui qu'il a démoli. Mais le Premier ministre a tendance à considérer que ce qui s'est passé dans l'intervalle ne compte pas. Et c'est là que son refus de l'imagination est une clé pour comprendre son rapport à l'histoire.

Car, de fait, une révolution, au sens étymologique, consiste à revenir au point de départ. Seulement, entre-temps, on a fait un voyage. Edouard Balladur annule ce voyage, il n'en veut pas — sa première décision politique n'a-t-elle pas été de limiter les voyages de ses ministres ?

En outre, il n'est pas sûr du tout que, après une révolution (on peut aussi écrire « rêve-évolution »), on revienne strictement au point de départ. La révolution fait un tour, qui s'inscrit, fait trace, fait histoire. Sans la révolution, pas d'histoire. On connaît la formule : « Les peuples heureux n'ont pas d'histoire. » Eh bien, justement : ils n'ont pas d'histoire, ils vivent en dehors de toute considération symbolique, donc de toute considération de ce qui fait l'humain, et précisément de son engagement dans le désir et dans l'action.

Edouard Balladur est finalement très proche d'une conception chrétienne de l'existence, dans laquelle l'amour a poussé le désir dans la marge et est venu occuper sa place. Je ne dis pas qu'il ne se passe rien dans l'amour ; il se passe certainement quelque chose. Un désir trouve au moins sa satisfaction. Ce désir, c'est-à-dire cette perversion qui, dans l'amour, trouve sa satisfaction, est probablement, comme nous l'ont enseigné vingt siècles d'histoire chrétienne, le masochisme. Car il y a un masochisme de l'amour, comme en témoignent tous ceux qui se livrent peu ou prou à la passion amoureuse. Mais entre ce désir sans imagination et le désir créateur qui peut être tourné vers la destruction mais non vers la mort — désir qu'on ne peut pas négliger, puisqu'il est notre lot commun —, entre ce désir et celui que propose l'utopiste, qui est de sortir du masochisme, il y a une marge, et même plus. Il y a carrément une distance sidérale.

Revenons aux convictions, comme il le dit lui-même, de M. Balladur. « Etre convaincu, tout en demeurant lucide, faire partager sa croyance sans duper, c'est tout le sens d'une politique éclairée par la morale et le respect d'autrui. Tromper est le cancer de la démocratie. » Chacun peut entendre combien la duperie et la tromperie restent au cœur de sa préoccupation. Ce n'est pourtant pas très étranger à ce que je viens de dire sur l'amour. Parce qu'une des grandes différences entre le désir et l'amour est que l'amour repose sur un leurre. Le désir repose, lui, sur une absence, sur un objet qui, d'être absent, cause le désir. Alors que l'amour est un jeu d'images.

Récemment, je recevais quelqu'un à qui je demandais ce qui lui avait donné l'idée de s'adresser à moi pour le travail qu'il voulait faire. Il me fit cette réponse, qui est au cœur de la relation transférentielle, et donc d'une certaine manière au cœur de la relation amoureuse : « C'est parce que j'ai vu votre photo dans un journal. » La suite de l'entretien permit de comprendre que ma photo ne lui avait pas donné envie de venir me voir, comme il l'avait cru dans un premier temps, mais qu'en voyant cette photo, je lui avais rappelé quelqu'un qui avait été très important pour lui. C'est dire à quel point l'image est au cœur de cette affaire d'amour et de méprise.

Pour le dire autrement, d'une façon peut-être plus historique, on pourrait peut-être partir de la question de l'interdit religieux de l'image qui sépare radicalement la vision juive de la vision chrétienne de l'histoire.

Même pour un observateur non averti, le christianisme est une débauche d'images, de la mort, de la maternité, de la sainteté, de l'innocence, du supplice, de la cruauté, de la pureté... Tout est occasion à images. De son côté, le judaïsme s'est édifié sur la haine des idoles et sur un refus de l'image, parce qu'il y voit le support même de l'idolâtrie.

Au sein de l'Eglise, des esprits avertis se sont avisés de ce que le règne de l'image conduisait tout droit le catholicisme à un retour à l'idolâtrie. D'où, par exemple, l'émergence du protestantisme. Mais il y a sans doute quelque chose de plus profond dans cette affaire. Au cœur de la doctrine chrétienne, se situe le fameux « Aime ton prochain comme toi-même ». Aimez-vous les uns les autres comme je vous ai aimés, c'est-à-dire dans l'amour du Christ, mais aimez-vous les uns les autres.

Cette formule figurait déjà dans l'Ancien Testament, mais n'y occupait pas de place centrale. Si bien que la différence entre le judaïsme et le christianisme n'est pas que l'un inviterait à l'amour et l'autre non, c'est la place que l'un et l'autre donnent à cet amour. Dans le judaïsme, il s'agit d'une place légèrement excentrée. Dans le christianisme, c'est le cœur même de la doctrine.

Les conséquences sont rudes. Car, après tout, quelle communauté a autant, au nom de sa foi, pillé, violé, massacré, que celle qui professait l'amour du prochain et le culte de l'image ? Et quelle autre a été isolée, interdite, martyrisée, davantage que celle qui avait fait de cette maxime un phénomène relativement périphérique ? L'important, ici, est l'articulation de ce culte de l'image et de ce commandement surmoïque du culte du prochain fondé sur l'amour de soi.

Pourquoi ce long détour à propos de Balladur ? Parce que je pense qu'il y a dans les élections qui se préparent un enjeu qui, aujourd'hui plus que jamais, met au cœur de la problématique démocratique la question du rapport à l'image. Par définition, l'image, c'est l'immobilité, pourrait-on dire. Même l'image télévisuelle, qui semble bouger, mais dont on ne retient qu'une image fixe. Certains candidats nous proposent de nous identifier à une image, la moins perturbatrice quant à nos désirs ; d'autres proposent de détruire les images. Parmi les premiers, je rangerais Edouard Balladur. Et parmi ceux qui proposent d'avoir avec les images un rapport beaucoup plus critique, interrogateur, je rangerais tous les hommes politiques qui demeurent dans la sphère marginale de l'appareil politique. Entre ces deux camps, il existe effectivement toutes sortes de nuances et de positionnements possibles. Mais le critère de la différenciation porte sur l'invitation à se saisir de l'image, à s'y engouffrer, à s'identifier à son immobilité ou à la détruire.

L'image est à prendre ici dans un sens très métaphorique — c'est presque redondant de le dire —, elle englobe une certaine représentation d'eux-mêmes qui est proposée aux Français. « Regardez-vous, appréciez-vous, aimez-vous dans l'image de vous que je vous renvoie » semble dire Edouard Balladur. D'autres disent : « L'image que je renvoie de vous suscite en moi une insatisfaction dont j'imagine que vous la partagez. » Ceux qui tiennent ce discours, en se montrant défaillants, en signalant un lieu pour le manque, suscitent le désir, peu ou prou, avec tous ses dangers. Ceux, en revanche, qui tiennent le discours de la satisfaction narcissique du recours à l'image nous entraînent dans ce que le mythe de Narcisse nous a justement enseigné, le suicide, la mort, douce ou lente.

Le choix, donc, me paraît assez radical, malgré les allures pour le moins nuancées de M. Balladur. Littéralement, il réside entre ce qui nous porte vers la vie et ce qui nous porte vers la mort. Le fait qu'Edouard Balladur ait si souvent recours à Pompidou plus qu'à de Gaulle ne doit pas, pour le coup, nous leurrer. Ce n'est pas parce qu'il se réfère à Pompidou qu'il est lui-même un Pompidou. Pompidou était un homme d'action. C'était certes un conservateur, mais il ne rêvait pas d'immobilité. Balladur le dit lui-même : on lui devrait la restructuration industrielle de la France et quantité d'autres choses qui témoigneraient de son souci de demeurer dans la voie ouverte par le général de Gaulle, c'est-à-dire la voie d'une restauration. Or, la voie d'une restauration suppose toujours un bilan critique de la situation présente. D'une certaine manière, Balladur ne manque pas de faire ce bilan critique. Mais il ne porte pas sur la situation qui est la nôtre, il porte essentiellement sur la situation dans laquelle ses adversaires politiques nous ont laissés. C'est fort différent.

Pour s'arrêter à ce portrait brossé à grands traits, je voudrais insister sur une contradiction relevée dans le livre d'Edouard Balladur, et qui concerne ses convictions. Alors qu'il exprime sa méfiance des grands hommes, à l'égard de l'idée même de grand homme, il reconnaît néanmoins en Pompidou et de Gaulle des hommes d'exception. Dans le livre de Claire Chazal, on peut trouver ce qui reste introuvable dans celui de Balladur, et qui permet de répondre à cette question : qu'est-ce qui pouvait bien faire que, malgré tout, une pointe d'idéalisation continue à germer dans l'esprit de cet homme d'Etat ? Balladur nous le confie : de Gaulle et Pompidou ne rêvaient pas. Ce qui rejoint le « Je n'ai aucune imagination », bien sûr. Mais interrogeons-nous, pour finir, sur le paradoxe qui consiste à idéaliser quelqu'un qui ne rêve pas, qui serait censé ne pas rêver.

Remarquons tout d'abord qu'il s'agit effectivement d'une idéalisation, parce que l'affirmation selon laquelle ni de Gaulle ni Pompidou ne rêvaient n'est pas vraie. Si de Gaulle n'avait pas rêvé, il n'y aurait pas eu l'Appel du 18 juin. La différence, justement, entre un de Gaulle et un Pétain, c'est que Pétain ne rêvait plus. Et l'histoire a montré que celui qui rêvait avait raison, et que celui qui ne rêvait plus, ou ne rêvait pas, avait déjà un pied dans notre tombe, n'avait plus que des rêves de mort. Il s'agit donc bien d'une idéalisation. Pourquoi se proposer à soi-même, comme idéal, quelqu'un dont on imagine, même si on se croit dépourvu d'imagination, qu'il ne rêve pas ? Je crois qu'il s'agit de se rassurer sur le fait que l'imagination, le rêve, l'imaginaire, au sens de Lacan, sont effectivement dangereux. De se rassurer sur le fait que le sujet a bien raison de ne pas rêver, parce que s'il se mettait à le faire, il donnerait libre cours à des désirs qu'il préfère maintenir refoulés.

Dans certains cas, c'est vrai, il vaut mieux qu'il n'ait pas d'imagination, ou qu'en tout cas il s'en croie dépourvu. Il vaut mieux qu'il n'ait pas accès à ses rêves, comme on dirait de certaines personnes qu'il vaut mieux qu'elles se sentent coupables, parce que si elles cessaient de se sentir coupables, si elles cessaient de ne pas imaginer, de ne pas rêver ou de croire qu'elles ne rêvent pas, Dieu sait où leurs rêves les entraîneraient. Et Dieu sait aussi où ses rêves nous entraîneraient avec lui. Peut-être a-t-il raison.

Nous pouvons enfin remarquer que le fait de ne pas rêver, ou de croire qu'on ne rêve pas, et de se défier de son imagination, n'est pas seulement l'apanage des psychotiques, mais aussi de toute une catégorie d'hommes qui, à la place de l'imagination comme moteur de leur rapport au symbolique et au réel, mettent le rouage, la machine, au sens du *Château* de Kafka. Si bien que ces personnes, qui se défient de leur imagination, qui ont raison de se défier de désirs qu'elles préfèrent maintenir refoulés, ne me mettent pas à l'abri de la violence que recèle leur désir.

Freud nous a appris que les forces, utilisées par le sujet pour lutter contre le désir dont il ne veut rien savoir, sont au moins équivalentes au désir lui-même. Du coup, le désir exerce une pression ou une contre-pression sur les forces de résistance à son émergence. On ne sait pas si, à la longue, il ne se réveillera pas dans un déchaînement de violence. Comme on dit banalement, méfiez-vous de l'eau qui dort, je dirais pour conclure : méfions-nous de l'endormissement dans lequel Edouard Balladur veut nous maintenir.

Jacques CHIRAC

Il existe des gens qui croient que tout ce qui se dit avec un visage sérieux est raisonnable.

Georg Christoph LICHTENBERG,
Aphorismes.

Dans la critique qu'il fait du cogito cartésien, Lacan en arrive à deux formulations dérivées de la célèbre formule : « Là où je pense, je ne suis pas », et : « Là où je suis, je ne pense pas. » Voilà deux propositions qui sont au plus près de l'expérience clinique du psychanalyste, à savoir que c'est précisément au moment où le patient pense qu'il n'est pas en train de penser, alors qu'il est par exemple sur le pas de la porte, qu'il va dire quelque chose qui désignera là où il est, là où est son être de sujet, là où il est dans le rapport analytique à l'autre — comme on dit : dans ce qui lui échappe.

Là où il est, c'est précisément en un lieu d'où il se trouve, pourrait-on dire, rejeté de sa propre pensée. C'est ce qui fait dire à Lacan : « Là où je suis, je ne pense pas », puisque j'y suis. A partir du moment où j'y pense, c'est que je pense à y être, et que je n'y suis donc pas encore ; un peu comme on dit couramment : « je veux dire ». Si je veux le dire, c'est que je ne le dis pas, ou pas encore, ou qu'il y a une impossibilité à le dire réellement.

Ce petit point de théorie, parce que Jacques Chirac, à un niveau autre, le niveau politique, évoque tout à fait cette double formulation de Lacan. Il nous donne vraiment l'impression d'incarner quelqu'un qui n'est pas là où il pense, et qui pense là où il n'est pas. C'est un fait d'observation empirique pour tous ceux qui ont pu l'approcher dans une plus ou moins grande intimité, que l'homme a une façade extérieure politique, avec des caractéristiques à la fois d'élocution, de physique, de mimique, dans l'apparition publique — on dirait encore qu'il apparaît un peu fabriqué, comme un personnage qui essaie de coller à une image —, alors que dans le privé, en revanche, il serait plutôt quelqu'un d'aimable, d'avenant, de cultivé, de chaleureux. C'est-à-dire, de façon très inquiétante, un personnage qui pourrait être presque le contraire de celui qu'il affiche.

A quel moment est-il, et à quel moment pense-t-il ? C'est la question qui préoccupe toute personne amenée à s'interroger sur Jacques Chirac, et qui fait dire par exemple à un de ses biographes, Thierry Desjardins : « Si j'admirais l'animal politique, je n'avais guère de sympathie pour le personnage. » Tout un chacun, même bienveillant à son égard, est donc saisi par cette distorsion, cette coupure, manifeste pour ceux qui l'ont approché de près.

Qui est Jacques Chirac ? Au fond, peu nous importe ce qu'il est dans le privé et dans l'intimité.

S'il ne croit pas nécessaire d'en faire un usage politique, c'est au seul personnage politique que nous devrons nous intéresser. La question est de savoir à quelle nécessité fantasmatique répond le fait de se présenter comme quelqu'un d'autoritaire, de cassant, jusqu'à un certain point quasiment dénué d'idées personnelles, un leader politique au sens non pas charismatique mais au sens d'un chef de bande — avec tout ce que cela implique comme capacité à la trahison, au jeu politique le moins moral qu'on puisse imaginer, aux coups. L'homme qui fait des coups...

Pourquoi croit-il que quelqu'un qui veut accéder à l'Elysée doit se présenter de cette façon, plutôt que comme un lecteur de poésie japonaise, un spécialiste de culture caribéenne, un grand lecteur, un homme attaché à la peinture, et aussi à sa famille, à ses filles, etc. ? La question est une énigme sans l'être, parce que la formule de Lacan répond justement à cette énigme. Elle répond bien au fait que, si le personnage est agaçant, ce n'est pas à cause de ses défauts, qui sont tantôt des qualités, tantôt des défauts, selon le point de vue où l'on se place, mais à cause du fait qu'il n'est pas là où il parle. On le sent et on le lit sur son visage quand il apparaît par exemple à la télévision : il parle d'un lieu qu'on pourrait considérer comme totalement déshabité.

A partir de là, la question qui se pose à l'analyste, dans la mesure où ce que nous tentons de faire ici, avec ce quadrille d'hommes politiques, est de comprendre derrière quel fantasme ils veulent nous entraîner, est de savoir dans quel fantasme lui-même, Jacques Chirac, est pris. A quoi adhère-t-il — au sens « adhésif » du mot —, à quel fantasme est-il collé, comme on dirait d'un insecte qu'il est collé sur le fond d'un présentoir d'entomologiste, par quel fantasme est-il sidéré, pour se présenter d'une façon si manifestement éloignée du personnage que, semble-t-il, il est aussi capable d'être ?

Je ne l'ai pas fait avec les autres personnages, mais, avec Jacques Chirac, j'oserai — j'espère qu'il nous le pardonnera — jouer d'une particularité de son nom. Non pas de son nom en tant que tel, mais de ses initiales. Il se trouve que ceux qui l'ont prénommé, et donc inscrit dans le langage, l'ont affublé des mêmes initiales que le Christ, et qu'effectivement, dans sa manière de s'adresser au public, il y a quelque chose chez lui qui est de l'ordre du sacrifice. Malgré le contenu de son discours, il a, dans la manière même d'énoncer les choses, une façon de se présenter comme une victime du devoir qu'il est en train d'accomplir.

Là est peut-être la source de la part de lui qu'il ne montre pas en public, qu'il sacrifie. Il y a quelque chose de sacrificiel dans le personnage de Jacques Chirac en ce qu'il incarne le Christ dans ce qu'il a de sauveur, en même temps qu'il n'est sauveur que pour autant qu'il reste une victime expiatoire.

On pourrait gloser à l'envi sur le fait que ses différents échecs aux précédentes élections présidentielles, qui renforcent cette image de victime — non pas de perdant ni même de *loser,* mais de celui qui accomplit toujours les choses au service d'un autre —, donnent une image de lui finalement très christique.

De même, dans l'histoire de son accouplement romantique avec Edouard Balladur, son ami de trente ans, réside une part sacrificielle qui m'évoque la chose suivante : il y a des hommes qui viennent voir des analystes non pas pour eux-mêmes, mais, disent-ils, pour leur femme. Parce que leur femme « ne va pas bien », ce qui, assez vite décodé, veut dire qu'elle n'a plus envie de faire l'amour avec eux. Et ils nous enjoignent de recevoir leur épouse afin de remédier à la chose. Pour cela, d'ailleurs, ils sont prêts à tous les sacrifices. Ils nous disent qu'ils ne mégoteront pas sur la somme, qu'ils feront en sorte que leur épouse soit disponible pour venir nous voir. « Je ferai tout ce qui est possible pour que les choses s'arrangent. » De fait, après tous ces efforts, il y a de fortes chances pour que ladite épouse retrouve un minimum de libido. Mais ce qu'ils n'aperçoivent pas, c'est que ce n'est pas eux qui en profiteront.

Il y a chez Jacques Chirac, dans l'histoire récente, quelque chose de cet ordre : Premier ministre de Giscard d'Estaing, Premier ministre de Mitterrand, il a pris le RPR à la hussarde pour le mener à la victoire finale, mais — en tout cas tout le laisse penser jusqu'au jour d'aujourd'hui — il est peu probable que ce soit lui qui en profite.

On verra si les événements démentent cette analyse, mais j'en doute, parce qu'il y a là une espèce de logique inconsciente qui fait qu'il n'en sera pas autrement. La logique de Jacques Chirac travaille à son propre sacrifice sur l'autel de la présidentielle.

Le maire de Paris ressemble à ces personnages dont on dit que tout, dans leur action, vise l'autre — mais au sens de : tout pour l'autre. Ils ne le savent pas, mais ils travaillent pour l'autre — l'autre étant un autre, éventuellement, qui incarne le grand Autre. On dit de ce genre de personnes qu'elles sont dans l'oblativité : à leur insu, elles se mettent au service de la réparation, ou de la réalisation d'un autre, qui soit s'est montré défaillant, soit s'est montré peu ou insuffisamment désirant. C'est ce qu'on appelle communément l'altruisme.

Ces personnes occupent par rapport à cet autre une position qui pourrait se résumer de la façon suivante : il faut tout faire pour que l'autre continue d'ignorer — nous sommes bien sûr à un niveau fantasmatique, mais celui-ci a des implications dans la réalité où il s'incarne — le point de défaillance qui est le sien dans la vie, ou le point de castration, comme on dit dans le langage analytique. Donc faire en sorte, chaque fois que l'autre se présente sous une forme ou une autre comme manquant, de remplir ce manque. Donner finalement à l'autre ce dont il aurait besoin pour ne manquer de rien. Ce qui, évidemment, suppose qu'on s'imagine que ce quelque chose qui manque à l'autre pour être complet, et qui dans la théorie analytique s'appelle le phallus, soit on l'a, soit on l'est. Mais cela suppose aussi une soif incoercible de destruction de l'autre qui se retourne en efforts incessants pour le sauver.

Il y a quelque chose chez Jacques Chirac qui évoque cette façon de voir. C'est-à-dire non pas l'idée qu'il aurait, lui, ce quelque chose — parce que si tel était le cas, il aurait vraiment des idées —, mais plutôt une position dans laquelle il se ferait valoir comme étant ce quelque chose qui manque à l'autre.

L'autre, en l'occurrence, dans l'histoire la plus récente, on peut estimer que c'est Edouard Balladur. Tout se passe avec ce dernier comme dans ces histoires où un homme se plaint de ce que son meilleur ami lui a soufflé sa femme. Et il s'en plaint d'autant plus violemment qu'il dénie tout ce qu'il a fait pour que son ami et sa femme ne cessent pas de se rencontrer, et s'accordent sur le désir dont il s'est retiré. Mais si nous remontons un peu le cours de l'histoire, nous pouvons voir qu'il est en train de se passer avec l'actuel Premier ministre ce qui s'est passé pour Jacques Chirac avec Giscard d'Estaing. Car n'oublions pas que, si Giscard l'a emporté en 1974, c'est grâce à Jacques Chirac qui s'était mis à son service en trahissant Jacques Chaban-Delmas. D'une certaine manière — il y a suffisamment de journalistes qui en ont beaucoup parlé pour qu'on puisse le tenir sinon comme une vérité, en tout cas comme une demi-vérité —, il semble bien que ce soit encore ce même Chirac qui ait contribué à faire élire Mitterrand contre Giscard d'Estaing en 1981. Et que, sans les consignes du chef du RPR, Mitterrand avait peu de chances de l'emporter — malgré la déception des Français à l'égard de Giscard d'Estaing. C'est justement cette déception que Chirac a choisi de représenter.

A ce moment-là, il s'est mis à travailler pour le service d'un autre. Le même scénario est aujourd'hui en train de se répéter : Jacques Chirac est à nouveau au service d'un autre. Finalement, ce qu'on prend chez lui pour un goût de la trahison, ou en tout cas une capacité hors du commun à l'infidélité, n'est peut-être qu'une certaine forme de fidélité à l'oblativité.

On remarquera que cette oblativité ne s'attache pas à la France, mais à quiconque lui paraît être en position de pouvoir soutenir la fonction présidentielle. Peut-être pourrait-on aller jusqu'à dire que, tel le Fils dans la théologie, il est au service du Père. Et qu'il ne cessera jamais d'être au service du Père, mais tout en l'ignorant, sans jamais pouvoir le reconnaître.

Ce vers quoi Jacques Chirac essaie de nous entraîner, c'est précisément cette fonction au service du Père — conservatrice en ceci qu'elle maintient l'idée qu'il y a une coïncidence entre la fonction paternelle et la fonction présidentielle. Je crois qu'il ne faudrait pas le pousser très loin pour lui faire dire que le président est le père de la nation, dont il serait le fils, avec ce que la théologie chrétienne nous dit des rapports du Père et du Fils, à savoir que c'est le même. Mais il se contente d'être le Père en tant qu'il est le Fils. Et c'est peut-être ce qui lui donne cette éternelle allure de jeune homme. Car, on a tendance à l'oublier, il est un petit peu plus âgé que ce que sa faconde publique nous laisse penser.

Les relations du Père et du Fils, le fait que, dans la Sainte Trinité, le Père procède du Fils comme le Fils procède du Père produisent en politique des effets bien différents que quand il s'agit de théologie : le résultat est une position qui consiste à installer l'autre dans le trône qu'on convoite, à condition de n'en pas vouloir.

Cette position, on pourrait encore la qualifier d'idéaliste, au sens politique du mot cette fois : elle caractérise tous ces militants politiques qui, quel que soit leur bord, en tant que militants, sont aussi des limitants. Ils limitent leur vie et celle des autres, dans la mesure où ils se mettent au service d'une cause qui est un Etat, par exemple, ou un mode d'Etat, dans lequel ils n'aimeraient en réalité absolument pas vivre.

L'exemple le plus criant de ce type de façon d'être politique est incarné par Jean-Paul Sartre lui-même, qui n'a pas caché ce paradoxe : il avait combattu toute sa vie pour un type de régime dans lequel il n'aurait pas voulu vivre. Ce qui nous amène, puisqu'on est dans le registre de l'idéalisme, à la fonction du messianisme, qui vient fort à propos, puisque c'est bien de ça qu'il s'agit.

Dans le Talmud, un rabbin dit du Messie : « Puisse le Messie venir, à condition que je ne sois pas là quand il arrivera. » Il y a dans tout messianisme, qu'il s'avoue comme tel ou se présente sous une forme dénégative, une part d'action pour les autres, dont le sujet ne veut que pour les autres. Le fait de militer pour cette action est une façon, justement, de s'en tenir à l'écart. La plus belle preuve de l'efficacité de ce fonctionnement nous est donnée quand une personne, à force de militer pour une cause, voit cette cause se réaliser. Ce qu'elle met en place alors n'a rien à voir avec ce pour quoi elle avait milité. En général, on se contente de dire que c'est le propre d'une révolution que de revenir à son point de départ. J'en proposerais une autre analyse, qui est que si celui qui a lutté toute sa vie pour l'instauration d'un régime, une fois au pouvoir, en instaure un autre, c'est que, du régime pour lequel il a milité, il n'a jamais voulu.

Evidemment, dans le cas de Jacques Chirac, le trait est un peu grossi, parce qu'il ne se présente pas vraiment comme un Messie. Mais il y a toutes sortes de messies : des illuminés, des utopistes, et des rationnels. Jacques Chirac est un messie rationnel : il tient compte d'un certain nombre d'enjeux économiques et historiques, il a la lucidité politique de savoir que s'il se départit par trop de ce qu'il représente, il n'a aucune chance d'aboutir à la fonction suprême. Mais en même temps, tout nous pousse à penser que, de cette fonction suprême, il n'en veut pas, pas plus que Michel Rocard — les deux hommes ont d'ailleurs bien des traits communs, l'un du côté de la droite, l'autre du côté de la gauche, et de vraies sympathies —, mais sans doute pour une autre raison. Parce que, si Jacques Chirac accédait au pouvoir suprême, la place de l'autre pour qui il travaille se trouvant vide, comment le supporterait-il ?

En somme, alors que d'autres personnages politiques nous ont confrontés à la question de la division, de la duplicité, de la dysharmonie d'avec eux-mêmes, Jacques Chirac nous entraînerait plutôt sur la voie de la *doublure* d'avec soi-même — avec tout ce que ce mot peut avoir comme signification, à la fois au cinéma, dans l'espionnage, et dans la vie onirique. Sentant en lui cette propension à l'idéalisme, Jacques Chirac fait des efforts absolument titanesques, et visibles jusque dans ses mouvements de menton, pour lutter contre cette tendance. Tout se passe comme s'il présentait constamment un double de lui-même aux yeux de ceux qui se proposent de le regarder.

Michel ROCARD

On s'égare parfois dans une direction intellectuelle qui est en contradiction avec nos talents. Pendant un certain temps, on lutte héroïquement contre le flot et le vent, c'est-à-dire contre soi-même. On se fatigue et on finit par gémir. Ce que nous accomplissons ne nous fait pas un plaisir véritable, car nos succès nous ont fait perdre trop de choses. Il arrive même que l'on désespère de sa fécondité, de son avenir, lorsque l'on est peut-être en pleine victoire. Enfin, enfin, on finit par retourner en arrière — et maintenant, le vent s'engouffre dans notre voile et nous pousse dans notre courant...

Friedrich NIETZSCHE,
Humain trop humain.

Avec Michel Rocard, nous allons envisager la question du rapport du sujet de l'inconscient au sujet du politique, non pas en nous fondant sur sa personnalité ou les diverses occurrences discursives qu'il a, çà et là, disséminées au cours de sa carrière politique, mais en essayant de comprendre ce qui, dans le suffrage universel, se joue pour ceux qui votent, à partir de l'analyse qu'ils peuvent faire, même si ce n'est pas une analyse raisonnée, de la stratégie qu'utilise un homme politique.

C'est donc plutôt un travail de « dépsychologisation » du personnage que je voudrais tenter à propos de Michel Rocard. Dans ce but, il faut considérer le trajet du désir et l'appel qui est fait au désir du suffrage universel, à partir de la conduite tactique et stratégique. Avec, comme hypothèse, qu'il n'y a pas lieu de nous référer à tel ou tel trait spécifique du caractère du personnage, parce que ce qu'il en est de l'expression de son désir, c'est, d'une part, ce qu'il donne à en voir et à en entendre — dans le déploiement de son acte politique, au sens large —, et d'autre part, dans ce que le peuple des votants en recueille et lui renvoie.

Michel Rocard se prête particulièrement à ce genre d'exercice. On pourrait le tenter avec beaucoup d'autres hommes politiques, mais ce serait par trop répétitif. L'ancien Premier ministre est tout à fait adéquat à ce type d'analyse, parce qu'il présente cette caractéristique d'avoir une trajectoire politique qui, certes, n'est pas finie, mais qui paraît facile à dater, avec des moments particuliers qui nourrissent les souvenirs de chacun d'entre nous.

Sa caractéristique principale, à l'heure où nous parlons de lui, est d'avoir, après une formidable ascension dans l'amour de ses concitoyens, chuté pour se retrouver aujourd'hui relégué et quasiment oublié de ceux qui l'ont tellement chéri. Evidemment, cela va inciter, et je pense que c'est le cas, bon nombre d'hommes politiques qui surfent sur les sondages aujourd'hui à se dire qu'en matière de politique rien n'est jamais définitif, le creux de la vague n'est pas loin de son sommet.

Dans le cas de Michel Rocard, que nous enseigne cette chute vertigineuse, du sommet des sondages, des suffrages, à son point le plus bas ? Elle exprime, non pas un rejet, non pas un désaveu — il n'existe aucun signe dans la désaffection dont il a fait l'objet d'un désaveu politique de Michel Rocard —, mais plutôt quelque chose qui pourrait s'énoncer ainsi : « Nous vous avons bien entendu, Michel Rocard, même si vous, vous ne le savez pas. »

Brossons à grands traits ce que l'on pourrait nommer cette trajectoire, et essayons de voir ce qu'on peut en inférer.

Il ne s'agit pas de reprendre toute sa carrière depuis le PSU, mais de le prendre dans les dernières années, à partir du moment où il s'est affirmé, d'une façon ou d'une autre, comme un candidat à la fonction suprême. Sa stratégie semble avoir été, bien que d'une façon qui lui est personnelle, de suivre à peu près celle qui avait si bien réussi à François Mitterrand. A savoir, pas de possibilité de gouverner la France, au plus haut sommet de l'Etat, sans commencer à gouverner le parti, le parti socialiste en l'occurrence. Il s'agissait donc pour lui, on peut l'imaginer, à la fois de créer autour de sa personne un consensus sur sa compétence et sa capacité à diriger le pays, et en même temps de créer au sein même du parti socialiste une dynamique qui élimine tous ses rivaux potentiels.

Voyons maintenant, compte tenu du but proclamé en public, comment il s'y est pris. Sa démarche tactique me fait dire que Michel Rocard est l'homme qui, en politique, substitue au règne de l'illusion le règne de l'erreur. Ce n'est pas un marchand d'illusions, mais c'est quelqu'un qui fait des erreurs. A tous points de vue, c'est nettement préférable. D'autant que son idéologie du parler vrai lui fait admettre ses erreurs. Donc, du point de vue éthique, c'est quasiment ce qu'on pourrait souhaiter de tous les hommes politiques. Du point de vue de la stratégie politique, c'est beaucoup moins sûr. Car ce qui est en cause dans cette histoire, c'est la dimension, justement, du parler vrai, de la sincérité.

Rocard affirme vouloir prendre les rênes du pays au nom de la sincérité, c'est-à-dire au nom d'un langage qui dira le vrai sur les choses. Il se fait ainsi le porte-parole ou le héraut d'un type de discours politique, dans lequel il n'y aurait pas ou peu de place pour le mensonge et l'illusion sous toutes ses formes. Seulement, quand on décide d'occuper dans les médias le créneau du parler vrai — car pour les médias, avec le cynisme qui les caractérise, parler vrai est un « créneau » : c'est dire à quel point tout, dans la politique, quelle que soit l'attitude qu'on adopte, est entendu et vécu comme stratégie, et l'idée qu'un homme politique puisse être adéquat dans son éthique à ce qu'il dit n'est évidemment pas envisageable — mais qu'on ne tient pas compte de ce cynisme médiatico-politique, on se fait beaucoup de torts. S'il est ce héraut, si, comme le dit Romain Gary cité par Jean-Louis

Andréani, s'il « incarne dans la politique une certaine fonction habituellement dévolue au boy-scout », être toujours prêt, sincère et serviable, s'il est plus proche dans le registre de la bande dessinée de Tintin — et chacun sait qu'on l'a effectivement comparé à lui — que de la roublardise d'un Astérix, sa posture implique un certain nombre de comportements. Autrement dit, il est limité par l'image qu'il se donne.

A partir de là, essayons de comprendre son trajet. Il est ministre dans le premier gouvernement Mauroy. Très justement, il y affirme sa particularité, sa différence comme on dit aujourd'hui, son ambition aussi, en démissionnant parce qu'il n'est pas d'accord avec la stratégie électorale de François Mitterrand au moment de la proportionnelle. Il considère en effet comme un grave danger pour la démocratie l'instauration de la proportionnelle puisque, et de fait il n'a pas tort, cela va permettre à des députés du Front national d'entrer à l'Assemblée.

S'il s'était toujours comporté comme cela, je pense qu'il aurait conservé toutes ses chances de devenir président de la République. Mais voilà, après la première cohabitation, alors que tout le monde sait que François Mitterrand et Michel Rocard ont du mal à se supporter, voire se haïssent, il accepte le poste de Premier ministre sous la férule de François Mitterrand. Là, tout se passe comme si un premier clignotant s'allumait, dans des sphères du psychisme qu'il n'est pas forcément nécessaire de localiser. Chacun d'entre nous est alors appelé à se dire, même s'il ne se le dit pas explicitement : « Comment peut-il, lui qui se dit sincère, accepter de gouverner sous les ordres de quelqu'un avec lequel, manifestement, il est en total désaccord ? S'il le fait, c'est au nom de l'intérêt suprême de la nation. » Personne n'en doute, mais cela nécessitera un certain nombre de compromis. Et chacun de nous de l'attendre, à ce moment-là, en disant : « Va-t-il nous faire connaître les compromis en question ? Va-t-il nous faire savoir sur quels points il est en désaccord avec François Mitterrand ? »

Chaque lecteur se souviendra que, pendant le temps de son mandat, qui fut très long, un des plus longs de la Ve République, pas une fois nous n'avons eu à apprendre sur quels points éventuels François Mitterrand et Michel Rocard étaient en désaccord. De deux choses l'une : ou bien il était en total accord avec le chef de l'Etat, et c'était une fable que cette histoire de rivalité qui les opposait, ou bien, pendant trois ans, il mentait, et sur des choses importantes puisqu'elles engageaient l'avenir du pays.

On ne peut pas dire que, pendant cette période, il ait fait des miracles. Personne n'en aurait probablement fait à sa place, comme la suite de l'histoire l'a confirmé. Sa gestion quotidienne l'a fait apparaître du même coup non pas comme un personnage porteur de grands projets d'avenir, mais comme un excellent gestionnaire. Pourquoi pas ? D'ailleurs, semble-t-il, pour affronter le suffrage universel, cette image ne le mettait en aucune façon en danger. Nul ne songeait à la lui reprocher, puisque sa popularité, pendant ce long laps de temps, est restée intacte.

Personne n'a aperçu immédiatement cette première erreur de stratégie, toujours au regard du but qu'il s'était assigné. Elle ne s'est avérée telle qu'à partir de la deuxième. Et c'est celle-ci— un peu comme, dans l'inconscient freudien, c'est le deuxième temps du traumatisme qui révèle le premier temps — qui a révélé l'erreur première.

Je m'explique : la façon dont Michel Rocard s'est laissé débarquer du gouvernement était une erreur. Plutôt que de répéter, en tant que Premier ministre, ce qu'il avait fait en tant que ministre, c'est-à-dire saisir l'occasion d'un point de désaccord, sur une question politique ou éthique, pour dire : « Voilà ma différence, et ceux qui veulent me suivre me suivront sur cette différence d'avec François Mitterrand », plutôt donc que de démissionner, il a laissé accréditer l'idée qu'il était viré comme un malpropre, voire comme un rival gênant. Du coup, l'impression donnée est que, pour servir son ambition politicienne, il a accepté le rang de chef de gouvernement, avec tout ce que cela impliquait de pouvoir et de soumission.

Forcément, François Mitterrand en a joué, et s'est joué de lui à cette occasion. Il a attendu qu'il trébuche, c'est clair. Comme il n'a pas trébuché, il l'a débarqué sans motif, par le simple fait du prince. La longévité n'était pas un obstacle à ce que Rocard puisse conduire les socialistes jusqu'aux élections législatives qui allaient suivre. Au cours de ces journées cruciales, en n'affirmant pas l'écart qui permettait de cerner sa personnalité et son désir, il s'est imposé comme quelqu'un qui avait besoin, non pas de diriger, mais besoin d'être lui-même dirigé. Or, comment pourrait-on confier le pouvoir suprême à quelqu'un qui manifeste, par cette double erreur stratégique, qu'il attend un chef ?

Cela dit, je voudrais corriger immédiatement l'impression que cette première approximation peut donner — impression d'ailleurs qui rejoint bien des propos tenus sur le compte de Michel Rocard, et notamment sur ses rapports avec la figure dite paternelle de François Mitterrand.

On a beaucoup glosé sur l'incapacité de Michel Rocard à commettre le meurtre du père. Mais je ne crois pas à cette idée parce qu'elle met sur le devant de la scène un concept analytique extrêmement complexe, celui du meurtre du père. Elle le transforme en un instrument rapide pour des analyses qui ne le sont pas moins.

Le meurtre du père, dans la théorie freudienne, c'est presque l'équivalent de ce qu'est le concept dans la théorie hégélienne, c'est-à-dire le meurtre de la chose. Le meurtre du père, c'est la condition d'accès au symbolique, et cela n'a rien à voir avec le fait de dégommer réellement son père. Bien des gens qui ont, de fait, dégommé leur père n'ont pas pour autant accédé au symbolique. D'autre part, le meurtre du père est une scène qui se joue dans l'inconscient, et qui n'a nul besoin de se jouer dans la réalité politique. Ce type d'analyse, faussant donc un peu la portée des concepts, nous donne une image par trop simpliste des enjeux de cette affaire.

Je préférerais m'en tenir à ce qui nous est donné à voir et à entendre. Je considère donc que, dans cette péripétie où Michel Rocard manifeste qu'il lui faut être dirigé pour pouvoir à son tour diriger, ce qui est en jeu est non pas la question du meurtre du père, mais la question du désir de pouvoir. Et ce que l'électorat va renvoyer à Michel Rocard, c'est que son désir de pouvoir n'est pas tout à fait crédible ; qu'en somme la partie se joue non pas entre ce qu'incarnent Michel Rocard et François Mitterrand, le père et le fils, par exemple, mais bien entre Michel Rocard et Michel Rocard, et qu'on doit du même coup s'interroger sur la vérité de son désir d'exercer le pouvoir.

Au fond, quand Michel Rocard a conduit la liste du PS à ce lamentable échec des élections européennes de 1994, ce qui lui a été renvoyé n'est peut-être pas un échec. L'événement est bien sûr un échec au regard de la politique, mais il est une réussite à l'égard de la fonction interprétative du suffrage universel. C'est un peu comme si le suffrage universel avait dit à Michel Rocard : « Tu dis que tu veux le pouvoir, mais tu n'es pas identique à ce que tu dis, et nous, ce que nous déduisons, ce que nous interprétons de ta conduite politique au cours des dix ou quinze dernières années, c'est que, de fait, le pouvoir, tu n'en veux pas. » Comme si l'électorat lui disait qu'existe une sorte d'incompatibilité entre le désir de sincérité qui est le sien et les erreurs qui manifestent sa sincérité. « Sincère, semble-t-on lui dire, tu l'es avec nous, nous n'en doutons pas, et c'est pour ça que nous te chérissons dans les sondages, ou c'est pour ça que nous t'avons chéri si souvent dans les sondages, mais sincère, tu ne l'es pas avec toi-même. »

Nous retrouvons là la fonction du parler vrai. Qu'est-ce que la sincérité en politique ? Mais qu'est-ce que la sincérité tout court, dans la vie ? Comment peut-on être sincère, au sens où Montesquieu demandait : « Comment peut-on être persan ? »

La sincérité, héritage des moralistes français pour une large part — pas ceux dont nous avons parlé à propos de Balladur, mais d'autres, du type Montaigne ou Rousseau —, est l'art de dévoiler, d'une certaine manière, tout ce qui est visible. En tout cas, ce n'est pas l'art d'atteindre ce qui est invisible. Or, beaucoup d'éléments permettent de penser que c'est dans l'invisible, dans les coulisses du psychisme comme dans celles de la politique, que se jouent les choses vraiment importantes, plus que sur la scène même du théâtre d'ombres auquel nous assistons dès que nous ouvrons un poste de télévision.

La sincérité est un piège tendu d'abord à celui-là même qui en fait profession. Au fond, la sincérité veut dire : « Je ne démens pas que ce que vous voyez de moi existe. » D'un être qui n'est pas sincère, on dira que c'est un hypocrite, ou un menteur, en ce sens que son entreprise vise à nous faire douter de nos sens. Mais, par rapport à soi-même, la sincérité ne peut pas s'exercer sans le détour par un autre. Faire l'impasse sur l'autre, comme moyen d'accéder à la vérité de son désir, caractérise le discours de la sincérité.

Je ne voudrais pas donner l'impression de mettre dans le même sac Montaigne et Rousseau, même si l'un se réclame de l'autre, parce que justement Montaigne ne fait pas l'impasse sur l'autre. Dans l'horizon de Montaigne il y a au moins La Boétie. Dans l'horizon de Rousseau, l'autre est absent, et cela fait une grande différence.

Après tout, il est à la portée de tout un chacun de s'apercevoir que la plupart des pervers sont des gens sincères, qui ne dissimulent pas leur perversion —je parle des perversions avérées, ça ne s'applique pas du tout à Michel Rocard. Ainsi, ce discours de la sincérité n'est-il en rien une garantie que le sujet ne se leurre pas sur lui-même. Et, en l'occurrence, Michel Rocard s'est leurré sur lui-même, mais en le montrant. Ce qui prouve qu'il est effectivement sincère. Mais il ne peut pas faire que nous, les votants, ne l'ayons pas entendu.

A un autre niveau, Michel Rocard me fait irrésistiblement penser au héros du *Zéro et l'Infini* d'Arthur Koestler. Nul n'est plus sincère que le héros du *Zéro et l'Infini.* C'est même une sorte de monstre de sincérité. A partir du moment où le numéro Un, c'est-à-dire Staline, l'ayant enfermé dans sa geôle, lui demande de participer lui-même à son autocritique — qu'il doit inventer car, d'une certaine manière, il n'a rien à se reprocher, au moins aux yeux du numéro Un —, pour permettre que l'idéal qu'il a servi jusque-là survive à sa condamnation, alors il va peu à peu découvrir que la question qui se pose réellement, et qui n'est pas celle que lui pose Staline, pourrait plutôt se formuler en ces termes : « Mais pourquoi est-ce que je fais de la politique ? » Le héros du *Zéro et l'Infini* va comprendre qu'il a toujours été sincère dans ce qu'il faisait en politique, mais que ce qui n'était pas sincère, c'était justement de faire de la politique.

On pourrait imaginer, pour illustrer la chose, que quelqu'un qui se lancerait dans un travail parce que le hasard a fait qu'il y a été affecté remplisse sa tâche en toute bonne foi, et en toute rigueur, mais qu'il n'y mettra application et sincérité que tant qu'il ne se posera pas la question de savoir *pourquoi* il le fait.

Si vous vous souvenez du *Zéro et l'Infini*, ce que découvre Roubachoff, c'est précisément qu'il s'est fourvoyé dans la politique. Pour autant que je m'en souvienne, son désir était de faire de l'astronomie. Et les événements, qui ont toujours bon dos, ont fait qu'il a renoncé à ce désir pour faire de la politique. Mais au fond de sa geôle, la question qui lui saute au visage est : « Qu'ai-je fait de mon désir ? » Venue de l'Autre, la question est : « Qu'as-tu fait de ton désir ? » Ce qui fait le plus souvent obstacle à ce que le sujet suive la voie de son désir, c'est qu'il lui semble, à un moment de son parcours, que les bénéfices qu'il pourrait tirer d'une autre voie sont infiniment supérieurs à ceux qu'il pourrait tirer de la mise en acte de son désir. En politique, des bribes de pouvoir, des honneurs, des facilités liées à l'exercice du pouvoir, l'amour reçu des militants et des votants peuvent, à un moment, pour ceux que ça n'effraie pas, créer l'illusion que c'est la juste voie.

Sans se livrer à une analyse de la personne privée de Michel Rocard, certains indices nous permettent de penser que, de fait, d'autres choses que la politique l'auraient probablement intéressé dans sa vie. Et que, de ce qui, peut-être, était un hobby, il a fait une carrière. Par exemple, le fait qu'à certains moments cruciaux, où il était important qu'il soit là pour prendre des décisions, Michel Rocard se livrait à son activité favorite : il faisait du bateau et courait les océans. Son vrai désir serait-il celui d'être un marin, un conquérant ? Toujours est-il qu'au moment où l'exercice de la politique aurait pu avoir un sens véritable, il n'était pas là pour le lui donner.

A l'époque, les gazettes ont fait leurs choux gras de cet événement. Au fond, il laissait le pouvoir d'une part à ses ministres, et d'autre part à François Mitterrand. Autre indice : qui se souvient — c'est une question que je pose à tous les lecteurs — de ce qu'a été l'action propre de Michel Rocard pendant la guerre du Golfe ? Si personne ne s'en souvient, c'est qu'elle n'a pas existé. Tout s'est joué entre François Mitterrand, Roland Dumas et Jean-Pierre Chevènement. Michel Rocard s'est totalement retiré de la question, au point qu'on pouvait même se demander s'il était intéressé par ce qui se passait. Il était tout de même le chef du gouvernement !

Ces indices mis les uns à côté des autres nous permettent d'imaginer que le coup de semonce des élections européennes était en fait comme un miroir qui lui était présenté. Il faut croire qu'il a accepté de s'y regarder, puisque, de fait, il a tout de même désinvesti un grand nombre d'activités politiques qui étaient les siennes. Jusqu'au point de démissionner même de ce à quoi on pouvait penser qu'il tenait le plus, la mairie de Conflans-Sainte-Honorine.

Il y aurait beaucoup à dire, mais je m'en garderais bien, sur ce que peut être, pour un homme, le désir d'être maire.

Pour en terminer avec cette affaire, nous voyons, dans une dernière faute tactique de Michel Rocard, se préciser ce que j'appelle ses erreurs, au moment de la constitution de la liste pour les élections européennes. Certains se souviendront que quelques intellectuels avaient décidé de faire parler d'eux à propos de Sarajevo et de ce qui se passait en Yougoslavie. Ils avaient constitué une liste dans ce but. Cette liste, si elle obtenait quelques suffrages, semblait plus particulièrement mettre en difficulté celle du PS, en allant glaner sur ses terres. Ces intellectuels exprimaient une exigence politique. Ils voulaient que le gouvernement français contribue à faire lever l'embargo sur les armes à destination de l'armée bosniaque. Or, la stratégie constante du gouvernement français à l'égard de la Yougoslavie était de maintenir l'embargo. Qu'ils aient eu tort ou raison n'entre pas ici en ligne de compte. Mais cette stratégie du gouvernement français avait aussi été élaborée sous les auspices de Michel Rocard. Or, on a vu ce dernier, dans un moment qui a pu paraître un moment de panique, se précipiter à la Mutualité, où les intellectuels avaient rassemblé tous ceux qui les suivaient, et déclamer qu'il était prêt à lever l'embargo sur les armes à destination de la Bosnie.

Quelle signification un tel acte peut-il avoir pour l'électorat ? Je n'en vois qu'une : Michel Rocard ne croit pas, ou pas suffisamment, à ce qu'il met en place. Or, ce qu'on attend d'un homme d'Etat est que, précisément, ses décisions soient motivées. A la Mutualité, Rocard est apparu là comme une personne tout à fait manipulable et, ce qui est beaucoup plus grave, manipulable par des intellectuels professionnels. Or, chacun sait, au moins depuis Hannah Arendt, que pour faire de la politique, quiconque est préférable à un intellectuel. Elle a en effet démontré que la république de Platon, celle des élites intellectuelles de la nation, laissait la porte ouverte à la dictature, parce que l'intellectuel est l'être le moins fiable politiquement que l'on puisse imaginer. On retrouve dans ses œuvres de cruelles descriptions du comportement de la plupart des intellectuels allemands face à la montée du nazisme.

Pour Michel Rocard, à la Mutualité, il s'est agi, à nouveau, d'une erreur, qui ne témoigne pas de je ne sais quelle duplicité ou faiblesse à l'égard de la fonction paternelle, mais qui souligne tout simplement une ambivalence personnelle à l'égard de la dimension du pouvoir. A ce moment-là, il ne s'est pas, pourrait-on dire, comporté comme un chef. Or, quand on aspire à être à la tête d'une nation aussi puissante que la France — mais c'est la même chose quand on aspire à prendre la tête d'une association de la loi de 1901 —, il est difficile de vouloir en même temps diriger et se laisser diriger.

Le glissement opéré ici par Michel Rocard était comme la signature qui confirmait que d'avoir accepté d'être le Premier ministre de François Mitterrand puis de s'être laissé « démissionner » comme il l'avait fait, constituait bien une erreur dans la perspective politique qui avait été la sienne.

Pour l'avenir, tout dépendra des leçons qu'il tirera de cette erreur, de cette accumulation d'erreurs. Lui permettront-elles de rebondir et de découvrir en lui d'autres raisons de faire de la politique que celles qui avaient été jusque-là les siennes ? Est-ce pour lui l'occasion de ne plus faire de politique ?

Valéry
GISCARD D'ESTAING

Il est impossible d'aimer une seconde fois ce qu'on a véritablement cessé d'aimer.

La ROCHEFOUCAULD,
Maximes et Sentences.

Valéry Giscard d'Estaing, dont nul ne sait à l'heure où nous sommes amené à parler de lui s'il pourra ou non se lancer en campagne, ne peut pas dissimuler son envie d'être candidat. Et c'est à ce titre que nous allons nous intéresser à lui ; cependant, il nous faudra bien parler du personnage en tant qu'il a déjà occupé la fonction qu'il brigue.

Valéry Giscard d'Estaing a écrit un livre, *Le Pouvoir et la Vie*, et ce titre m'évoque irrésistiblement les petites pièces si délicieuses de Jean Tardieu, qui prennent un schéma ou un dialogue de la vie quotidienne, et montrent que les choses sont jouées à l'avance. Tardieu tient tellement à cette idée que, selon lui, les mots employés n'ont aucune importance. A n'importe quel mot de ses dialogues, par exemple dans une scène de ménage, il peut substituer très utilement n'importe quel autre mot du dictionnaire. L'important étant que la structure syntaxique soit conservée, et que le ton demeure.

Une fois lu *Le Pouvoir et la Vie*, on ne peut pas s'empêcher de se demander à la place de quoi vient ce titre. La première idée qui peut germer dans l'esprit du lecteur est que ce livre aurait très bien pu s'intituler *La Mort et la Vie.* Giscard d'Estaing y apparaît comme un personnage qui doit son destin à la mort, et qui, quel que soit l'endroit où il s'élève, aura toujours affaire avec, je ne dirais pas l'idée, mais la présence toute proche de la mort.

Pour dire les choses clairement, tout commence à mes yeux avec la mort de Georges Pompidou, qui le conduira en 1974 à prendre la tête de l'Etat. Mais nous allons éviter les banalités, et donc ne pas disserter longuement sur les rapports de Valéry Giscard d'Estaing avec la mort. Une fois n'est pas coutume, nous allons envisager le personnage à partir de ce qu'il écrit de lui-même de cette expérience, à tous égards unique pour la plupart d'entre nous, qui est d'occuper les plus hautes responsabilités d'un Etat.

C'est dans cette optique qu'on peut se pencher sur ce par quoi son livre commence. Tous ceux qui étudient la littérature ou ont une pratique personnelle de l'écriture savent l'importance des premières pages, voire du premier paragraphe, voire de la première phrase d'un livre. Il est notable que cette première phrase emporte avec elle toutes les occurrences du livre à venir, tant sur le plan stylistique, syntaxique, grammatical, que sur le plan narratif.

Chacun pense ici aux premières phrases de *L'Etranger* de Camus, à celle de *La Recherche du temps perdu*, ou à d'autres incipits célèbres. Il existe même un recueil de premières phrases de romans. Il est donc tout à fait légitime de s'intéresser aux mots par lesquels on commence un texte. Parce que la façon dont on commence annonce en outre comment ça va se terminer. Dans : « Longtemps, je me suis couché de bonne heure », il y a le temps. Et le temps, qu'on retrouve bien sûr dans le titre général de l'œuvre, sera la grande question du livre, etc.

Dans le cas de Giscard d'Estaing, ce par quoi il commence nous intéresse au sens où tout se passe — imaginons — comme s'il prenait la France à témoin, mais au sens où il y a des façons de prendre à témoin qui consistent à mettre l'autre en position d'entendeur, pour ne pas dire d'analyste. Comme si, dans ce livre *Le Pouvoir et la Vie*, il demandait à la France d'être en quelque sorte son analyste. Il ne le dit pas comme ça, mais il fait appel à un biographe bienveillant, qui se chargera, quand les archives de sa présidence seront ouvertes, de rendre compte de ce qu'a été son septennat dans le moindre détail. Et il espère effectivement que ce biographe rendra grâce à son action parce que, dit-il, bien évidemment ce n'est pas ce qu'il veut faire lui-même — noblesse oblige.

Quand une personne vient voir un psychanalyste pour ce que l'on a l'habitude d'appeler des entretiens préliminaires, l'analyste est évidemment sur le qui-vive, très attentif aux premiers mots qui vont être prononcés. Dans ces premiers mots, l'après-coup d'une analyse révèle que, bien souvent, presque tout était dit. Bien sûr, on n'en sait rien au moment où commence le travail ; pendant l'analyse, on l'oublie ; mais à certains détours de la cure, ces premiers mots reviennent — qu'il s'agisse d'ailleurs des premiers mots de l'analysant ou de ceux de l'analyste.

Par quels mots s'ouvre donc le livre de Valéry Giscard d'Estaing ? Par un titre de chapitre : « Vivre la présidence », sur lequel j'ai commis, à chaque fois que j'ai relu ces pages, un lapsus de lecture. Je lisais : « Vive la présidence ». Bref. Voici ses premières phrases, que nous allons tenter d'analyser à la lumière de ce qui précède : « Lorsque la voiture de commandement, dans laquelle j'avais passé la revue des troupes alignées le long des quais, s'est arrêtée place de la Bastille, au matin du 14 juillet 1974, je me suis demandé comment j'allais en descendre. Cet engin haut sur pattes était équipé seulement d'un petit marchepied de métal vert, fixé à mi-hauteur. Descendre le dos tourné, en s'accrochant aux montants de la voiture, aurait manqué d'allure. Descendre de face était impossible à cause de la hauteur. J'ai aperçu le vide, la grande place bondée sous le soleil et, très loin, les rangs du public au milieu desquels s'élevait la tribune officielle, rendue presque noire par l'effet de contre-jour. Il fallait que je quitte la voiture et que je traverse cette grande esplanade claire pour m'arrêter devant le drapeau et les musiciens de la Garde républicaine dont j'apercevais les plumets rouges. J'ai été pris d'un vertige semblable à celui qu'on éprouve dans les montagnes. Ce n'est pas une peur mais un fourmillement qui gagne les membres, surtout les jambes, et qui les rend si faibles qu'on n'est pas sûr qu'elles puissent vous soutenir. Je suis descendu de la voiture de côté, j'ai sauté à terre, et j'ai commencé à marcher, accompagné de deux militaires que je sentais avancer juste derrière moi. Ma tête était vide, avec un volume d'air trop large vibrant autour d'elle et le sentiment de ce même équilibre fragile que l'on ressent lorsqu'on s'est levé d'un mouvement brusque et que le sang n'irrigue pas, en fait, le cerveau. »

Il y a dans ces premières lignes la description de ce que va être le septennat de Giscard d'Estaing. Mais il y a bien plus que cela. Il y a, naïveté ou fausse naïveté, la description de ce après quoi court Valéry Giscard d'Estaing, et d'autres d'ailleurs, quand ils veulent être président : ils courent après un certain vertige.

La métaphore, encore une fois voulue ou involontaire, peu importe, parle d'elle-même. Que nous décrit-il ? Que, arrivé à la présidence, au sommet de l'Etat, qu'il appelle une montagne, mais un sommet qui se réduit néanmoins à la hauteur d'un véhicule de commandement, il a le vertige. En dessous de lui, ce qu'il perçoit, c'est le vide. Face à lui, la foule, une tribune dans le noir total. De là où il est, il n'y a plus rien, il ne voit plus rien. Qui s'étonnera qu'il en éprouve un certain vertige, puisque c'est mot pour mot la description d'une formidable jouissance ?

Il y a encore, dans ce premier paragraphe, quelque chose qui va inspirer tout son art de présider, qui tient à l'apparence, au souci des convenances. Pourquoi donc, en effet, ne descendrait-il pas d'un véhicule comme n'importe qui ? En l'occurrence, d'un véhicule de commandement, il est prévu de descendre en tournant le dos à ce qui est derrière. Non, Valéry Giscard d'Estaing ne peut pas tourner le dos parce que ce serait inconvenant. Or, il ne peut pas descendre de face, parce qu'il n'a pas l'aisance physique nécessaire, et que ce serait effectivement assez ridicule. Il trouve donc un compromis : il descend de côté. Ce qui n'évite pas le vertige, mais qui ressemble fort néanmoins à ce que, en psychanalyse, nous appelons un symptôme, c'est-à-dire justement un compromis avec la jouissance, qu'il éclaire de façon tout à fait intéressante dans une perspective freudienne, puisqu'il ne s'agit pas d'un compromis entre deux possibilités, mais entre une impossibilité et un refus : impossibilité de descendre autrement que dans la position qu'il a finalement choisie, et refus de manquer aux convenances. Le personnage apparaît ici tel que nous apparaîtra son gouvernement.

Mais il y a autre chose. Il me semble que le lecteur ne peut pas manquer de s'interroger avec moi sur le point suivant : comment se fait-il que, après avoir fait débuter l'exercice de son pouvoir au 14 juillet et non à la date de son élection, la question qu'il se pose précisément à ce moment-là, et qu'il nous pose à travers son livre, est de savoir comment il va descendre ?

Après coup, bien sûr, on peut se dire : effectivement, tout le septennat est orienté vers une lente descente, une chute dans le vide qu'il crée fantasmatiquement sous ses pieds, au moment où il a l'impression de voler dans les hauteurs. Inaugurer le récit de son rapport au pouvoir par celui de la chute du pouvoir, ce n'est quand même pas rien ! Il y a peut-être là quelque chose qui permettrait de comprendre pourquoi Giscard d'Estaing ne sera plus jamais président de la République. Car le message a été reçu, et bien reçu. Comme il nous le raconte, il ne s'agissait point tant pour lui d'accéder aux plus hautes marches de l'Etat, que de les descendre, un peu à la manière des coquettes : « L'ai-je bien descendu ? »

On pourrait ainsi formuler la question qu'il nous pose dans son livre : « L'ai-je bien descendu, cet escalier du pouvoir ? » Finalement, pas tant que ça. Mais peu importe, il ne n'agit pas là de porter des jugements de valeur, qui seraient autant de réponses aux fausses questions qu'il pose.

A travers cette métaphore une vraie question est néanmoins posée. Ce vertige du pouvoir, qui commence à partir d'une position qui n'est finalement pas très élevée, a besoin d'élévation pour rejoindre la jouissance insoupçonnée qu'elle recèle. Et puisqu'il s'agit de jouissance, on peut convenir que le sujet entre en conflit avec une dimension de son être. De fait, pendant le règne — l'expression a été abondamment utilisée à son époque — de Giscard d'Estaing, le conflit va être permanent entre le désir de s'élever, toujours plus haut, jusqu'à une position presque impériale, et la tendance quasi automatique à produire des actes qui vont à l'encontre de cette élévation. Ainsi que je le signalais dans l'introduction, tout concourt par exemple pendant son septennat à faire que l'on puisse se persuader toujours davantage au fil des ans que son désir est de rejoindre la caste aristocratique, quitte à biaiser et à équivoquer sur des documents de naissance, alors même que les amitiés qui sont les siennes, par exemple celle de l'empereur Bokassa, témoignent de là où gît son envie.

Car dans l'affaire des diamants, la question importante n'était pas celle de savoir s'il avait reçu ou non des pierres précieuses, mais de savoir pourquoi il fréquentait avec une telle assiduité Bokassa. La réponse est évidente : il fréquentait Bokassa parce qu'il pouvait fabriquer avec lui l'empereur qu'il ne pourrait jamais être. Bokassa était en quelque sorte son *Kagemusha.*

Pour en revenir à ce conflit, non pas ce désir d'être empereur car, en France, l'Empire renvoie à une fausse aristocratie, mais ce désir de monarchie, celui-ci s'est toujours opposé chez lui à des actes plus ou moins populistes qui apparaissent comme autant de dénégations : recevoir à déjeuner des éboueurs, s'inviter à dîner de façon tout à fait artificielle chez des Français moyens, porter un pull à col roulé plutôt que la cravate, jouer de l'accordéon dans des émissions populaires — autant de gestes qui témoignent de ce que, psychiquement, Giscard d'Estaing est quelqu'un qui fait le grand écart. A ce titre, on ne s'étonnera pas qu'il sente le vide en dessous de lui, et que ça lui donne de vertige. Il est tiraillé entre ses aspirations à particule et ses aspirations sans particule. Entre les deux, enlevez la particule : il y a le vide.

Pris dans la nasse de cette contradiction, il l'étale au grand jour du seul fait de ces actes. Il donne alors à voir la question qui le tourmente, qui est déjà lisible dans son livre à chaque page et qui pourrait s'énoncer ainsi : « Je fais étalage de mes contradictions, de ce qui en moi est conflictuel, est-ce pour autant que vous allez cesser de m'aimer ? » Car il veut être aimé, apparemment point de doute là-dessus. Chez une telle mécanique intellectuelle, souvent décrite comme un véritable robot capable de mémoriser et de penser uniquement avec des chiffres, cette sensibilité à l'amour de l'Autre pourrait paraître touchante. Mais ne s'agit-il pas d'une feinte ? Nous y reviendrons.

Revenons d'abord au nom du personnage. Nous avons eu l'occasion, à propos de Jacques Chirac, de montrer que par le jeu, par exemple, des initiales du nom, le sujet se trouvait à son insu être régi par ce que Lacan a appelé l'instance de la lettre. Qu'il le sache ou non, certaines lettres agissent en lui comme un puissant causateur d'actes. Il suffirait pour s'en convaincre de penser que l'une des toutes premières décisions que François Mitterrand a prises a été de libérer la modulation de fréquences, c'est-à-dire la FM, qui sont justement ses initiales. Avant même d'avoir aboli la peine de mort, il avait libéré la FM.

Quel est l'acte qui, pour notre mémoire souvent trop faible en matière politique, marque le plus le règne de Giscard d'Estaing ? C'est la loi Veil, dite loi sur l'interruption volontaire de grossesse. Eh bien, de cela, je suis amené à m'interroger sur la signification de ce sigle, par lequel on l'a, lui, désigné longtemps, et par lequel on le désigne encore maintenant : VGE.

Cette histoire de particule, d'aristocratie, ne dissimule-t-elle pas une question sur la naissance. La naissance est devenue la Naissance avec un grand N, mais c'est une de ces facéties auxquelles l'inconscient nous a habitués. Hasard du jeu des lettres ou non, nous n'en saurons évidemment jamais rien, mais nous ne pouvons pas nous empêcher de nous poser la question. Parce que, et il faut quand même le dire, il ne s'agit pas seulement de se livrer à quelques jeux littéraux à bon compte sur une personne publique. Il s'agit d'abord de s'interroger sur le point suivant : comment se fait-il que ce soit ce personnage, si catholique, si bourgeois, désirant devenir aristocrate au sens français du mot, qui ait laissé comme acte majeur de son mandat l'interruption volontaire de grossesse ? Il y a là un paradoxe que le fait qu'il ait abandonné à Simone Veil le soin de laisser son nom à la décision en question n'abolit pas.

Je ne me permets de le souligner que parce que, justement, il engage tout un questionnement sur le cours véritable de la présidence de Giscard d'Estaing. Je ne jouerai donc pas sur le double sens du mot d'Estaing, ni même sur d'autres jeux de mots plus ou moins malheureux qui ont été faits sur son nom, mais j'interrogerai précisément la question de savoir si être président de la République française quand on est né à Coblence, en Allemagne, est vraiment quelque chose qui va de soi. Surtout pendant cette période troublée de l'entre-deux-guerres qui a été celle de sa naissance, au cours de laquelle son père, Edmond Giscard d'Estaing, occupait un poste que lui-même va peu ou prou occuper longtemps par la suite, puisque le père était directeur des finances, et que le fils sera longtemps ministre des Finances.

Evidemment, l'analyse que je propose ici peut paraître risquée. Mais, après tout, si je m'autorise à la faire, c'est parce qu'il ne s'agit pas de parler comme un expert de Valéry Giscard d'Estaing, mais de parler des effets que certains actes, certaines propositions et certains noms de la vie politique ont sur l'inconscient du citoyen. Et le citoyen que je suis a été fort troublé par ces quelques mois au cours desquels le débat politique en France s'est focalisé sur les questions du féminisme, de la naissance et de l'avortement.

Revenons à ce qui nous préoccupait plus haut, ce vertige du pouvoir.

Je disais que Valéry Giscard d'Estaing n'occupera plus la présidence, dans le sens où j'imagine que, ayant été pris par ce vertige, ayant donc connu la jouissance quasi innommable que procure ce vertige, il ne lui sera pas donné, comme à tout être humain, de la connaître deux fois. La jouissance obtenue à un moment donné de sa vie, le sujet ne peut la rejoindre, sauf cas exceptionnel, que dans ses fantasmes. D'une certaine façon, je pense donc qu'il fera inconsciemment tout ce qu'il faut pour ne pas y revenir. Et, de toute façon, les Français ne souhaitent pas qu'il leur extorque à nouveau ce plaisir suprême.

Je posais la question de savoir si, dans cette demande d'amour, il y avait quelque chose de sincère ou d'inauthentique. Pour répondre provisoirement à cette question, il faut interroger certains aspects des actes — ou des absences d'actes — de Giscard d'Estaing. Et, puisque je me sens plus particulièrement concerné par cet acte précis, ou plus exactement par ce non-acte, rappelons l'affaire qui suivit l'attentat de la rue Copernic.

Tous les commentateurs l'ont souligné à l'époque, on assista à une double scène au plus haut sommet de l'Etat, où l'on vit un premier ministre commettre un lapsus dont il n'est pas sûr qu'il se soit déjà relevé — Raymond Barre avait dit que, dans cet attentat, même des Français innocents étaient morts, innocents signifiant non juifs —, et d'un autre côté un silence, qui vaut bien le lapsus.

On a prétendu que la communauté juive française n'avait pas pardonné à Giscard d'Estaing son absence sur les lieux du drame. En réalité, elle ne lui a pas non plus pardonné son silence. Comme si, de là où il était, l'événement ne lui paraissait pas suffisamment important pour qu'il condescende à se rendre sur les lieux pour se montrer solidaire des Français qui, à cet instant, étaient dans la souffrance.

On remarquera que François Mitterrand, malgré toutes les ambiguïtés qu'on peut lui reprocher, aura compris la leçon ; au moment de l'attentat du restaurant Goldenberg, il ira rue des Rosiers.

Comment analyser cette absence ? On pourrait dire, et certains commentateurs ne s'en sont pas privés, que Valéry Giscard d'Estaing évaluait mal la sensibilité juive et ne connaissait guère cette partie du peuple français dont il était président. La réponse ne peut que laisser sur un sentiment de déception, d'abord parce que chacun sait qu'un président est conseillé, et qu'il ne se soit trouvé personne dans son entourage pour l'inviter à tenir compte de cette sensibilité est quelque chose de difficile à avaler. Mais ensuite et surtout parce que est posée dans ce silence la question de son absence de sensibilité — non pas à l'égard du peuple juif, mais son absence de sensibilité tout court. Car l'attentat, eût-il été dirigé contre des Bretons ou des Arméniens, ou quelque autre minorité que ce soit, il est clair qu'il ne se serait pas plus dérangé que cela. Ce n'est donc pas là l'occasion de lui faire un procès sur son antisémitisme, mais d'interroger sa sensibilité.

Qu'est-ce que la sensibilité de quelqu'un qui, au moment où l'occasion lui est donnée de la manifester, s'en abstient, tout en continuant à revendiquer l'amour auquel il pense avoir droit ?

Nous allons la retrouver, de façon inversée, au moment de son voyage en Egypte où il va rencontrer Anouar al-Sadate. Dans ses Mémoires — bien qu'il refuse d'appeler ses Mémoires *Le Pouvoir et la Vie* —, Giscard d'Estaing raconte que Anouar al-Sadate lui propose de visiter les installations du canal de Suez. L'idée lui vient alors de refuser cette proposition — nous sommes avant la paix avec Israël — parce que, dit-il, il ne veut pas froisser les dirigeants israéliens. Dans cette attitude extrêmement divergente qu'il a eue, d'abord par rapport à l'attentat de la rue Copernic, ensuite par rapport à la question du conflit israélo-arabe, quelque chose de cette sensibilité se découvre. On pourrait dire qu'il ne raisonne pas en termes d'humanité quand l'occasion s'en présente, mais qu'il raisonne en termes de susceptibilité quand il s'agit d'affaire d'Etat. C'est-à-dire que tout semble concourir à ce que nous puissions penser que, l'Etat d'Israël étant un Etat, il y a des règles du jeu à respecter, qui sont celles que le protocole ou les finesses diplomatiques protègent. Sorti de ces règles imposées par la diplomatie, il n'y a plus de guide, de fil, qui lui permette de déployer des sentiments qui ne sont pas programmés, justement, par le code du protocole ou le code diplomatique.

On comprendra mieux désormais pourquoi j'émets les plus grands doutes sur l'authenticité de ce désir d'être aimé. Parce que, au fond, je me dis qu'il ne s'agit plus, quand on a à ce point joui du pouvoir, d'être aimé : il s'agit de n'être pas désavoué. Si bien que sa demande, je l'interpréterais de la façon suivante : Valéry Giscard d'Estaing ne demande pas à deux Français sur trois de l'aimer, mais bien plutôt de légitimer la jouissance qu'il a éprouvée quand il était au sommet de l'Etat. Et c'est fort différent. Je dirais même que l'amour et la légitimation sont contradictoires, dans la mesure où l'amour a plus affaire avec ce qui est inconvenant qu'avec ce qui est convenable, alors que la légitimation, elle, est effectivement du registre de la convenance.

La position que Valéry Giscard d'Estaing va occuper aboutira, comme je l'ai déjà évoqué, à vouloir laisser les Français dans le vide du pouvoir, en leur faisant apparaître son successeur, à savoir François Mitterrand, comme indigne de la charge pour laquelle il vient d'être élu.

Celui qui peut avoir l'idée d'être le seul à se montrer démocratiquement digne de cette jouissance, celui-là se soucie-t-il vraiment d'être aimé ?

Jacques DELORS

L'or n'est pas une couleur. Les couleurs sont naturelles. Mais le reflet métallique qu'on ne trouve pratiquement jamais dans ces conditions naturelles est surnaturel. L'or étincelant écarte de la scène la vie et le corps, leur être substantiel. Ainsi dans l'iconographie de l'Eglise occidentale, les fonds d'or ont une signification dogmatique explicite : c'est l'affirmation expresse de l'existence et de l'activité de l'esprit divin.

Oswald SPENGLER, cité par Norman O. BROWN, *Eros et Thanatos.*

Qu'est-ce qui a bien pu pousser Jacques Delors, si on en croit son biographe Bernard Maris, à dire à qui veut l'entendre : « Je suis Freud » ? Evidemment, une telle affirmation ne peut que laisser très dubitatif.

La sympathie que j'ai pour Jacques Delors ne tient très certainement pas à cette affirmation. Si l'on en croit toujours Bernard Maris, cette affirmation signifierait que Jacques Delors fait de la politique de telle façon qu'il fasse advenir, que ce qui est advienne. La formule qu'il prête à tort à Freud serait : « Deviens ce que tu es. » Et, par exemple, puisque le Marché commun existe, faisons-le exister. C'est un Freud tout à fait imaginé qui nous est présenté là, car ce que dit l'inventeur de l'inconscient — si c'est bien à cela que Delors fait allusion — n'est pas : « Deviens ce que tu es », mais : « *Wo es war, soll ich werden* », ce qui veut dire : « Là où *ça* était, *je* dois advenir. »

Il ne s'agit donc pas d'un aphorisme socratique, mais d'un aphorisme psychanalytique, qui consiste en une conquête sur le champ mal débroussaillé de la névrose. On cherche ici à substituer au règne des forces obscures ou, aurait dit Lacan, au règne du malentendu, autant que faire se peut, le sujet, en tant qu'il serait justement un peu moins l'objet de ces forces, et un peu plus le sujet de son acte.

Donc, quand Jacques Delors dit être Freud, l'identification étant toujours l'identification à tel ou tel trait, tel ou tel affect, tel désir ou tel symptôme de celui auquel on s'identifie, il ne faut pas le prendre au pied de la lettre, et en tout cas ne pas croire que, puisqu'il le dit, c'est vrai.

Jacques Delors réussit le tour de force d'être à la fois formidablement médiatique et médiatisé, et en même temps formidablement discret et réservé. On le connaît par ses actes politiques. Après tout, c'est la seule chose qui devrait nous intéresser.

Certains traits de sa personnalité, soulignés par ceux qui l'ont approché ou ont étudié son parcours, pourraient forcer d'autres sympathies que la mienne. Par exemple, ce que Bernard Maris appelle sa « sincérité obsessionnelle ». Je dois dire que, sur ce point précis, je ne suis pas touché. Non pas à cause de la sincérité (voir Rocard), mais à cause de l'obsession qui, comme beaucoup de gens le savent aujourd'hui, est toujours un mode de défense contre une tendance agressive.

Ce que le président de la Commission européenne a de particulier et qu'on ne rencontre pas chez la plupart des autres hommes politiques, c'est qu'à la différence d'un Edouard Balladur qui se veut résolument non-idéaliste, Jacques Delors se définit comme un idéaliste ; mais il considère néanmoins que cet idéalisme est quelque chose contre quoi il doit lutter. Ce qui en fait un personnage humain, trop humain, puisqu'il appartient par ce trait à l'humanité tout entière dans sa capacité à idéaliser : il ne se définit donc pas comme étant hors du registre habituel du fonctionnement psychique. Avant de lutter contre les autres, il lutte d'abord contre lui-même.

Je préfère, quant à moi, un idéaliste qui lutte contre cette tendance en lui, et qui donc la recherche, la poursuit, l'analyse éventuellement, à quelqu'un qui dit ne croire en rien, ou plus exactement, comme on l'a vu chez d'autres, en personne.

Jacques Delors est un homme qui a des convictions sociales, syndicales, politiques. Et il sait la fragilité de ces certitudes, qui reposent pour une part sur une certaine tendance à fantasmer. Mais c'est notre lot commun. Et si je me sens proche de lui, c'est justement à cause de ce côté commun, où il ne cherche pas à se faire passer pour ce qu'il n'est pas. Ce qui ne veut pas dire, contrairement à ce qu'il semble vouloir insinuer, que Jacques Delors sait ce qu'il est. Mais son combat fait qu'il le découvre petit à petit, et nous sommes protégés à la fois de sa haine et d'un amour exubérant à notre endroit par le fait qu'il est d'abord préoccupé de se rejoindre lui-même. Le seul homme politique à l'égard duquel nous pourrons faire une réflexion de cet ordre est François Mitterrand à propos de sa froideur.

Pour ce qui est de forcer la sympathie, il est clair que quelqu'un qui lutte contre sa froideur nous sera toujours moins proche que quelqu'un qui lutte contre, disons, sa tendresse, ou sa capacité à se laisser duper ou entraîner dans telle ou telle illusion.

On a fait de Jacques Delors un personnage messianique. On l'a surnommé par exemple saint Jacques. On a plaisamment dit que son idéologie politique était un dolorisme. On en a fait un personnage sulpicien, toujours bafoué, à la limite de l'humiliation. On a beaucoup glosé sur sa capacité à remettre sans cesse en question le poste pour lequel il avait été désigné, en présentant sa démission. On a d'ailleurs fait de cette particularité des usages fort divers, et le dernier que j'ai eu à entendre est celui de Philippe de Villiers qui a fait valoir que, si Delors démissionnait, ou devait, en situation de président de la République, proposer sa démission, comme il n'y aurait pas de personnage au-dessus de lui, il n'aurait d'autre possibilité que de la présenter à Helmut Kohl. Ce qui amenait ou était censé amener les Français à penser que Jacques Delors était le candidat du parti de l'étranger. Bref, un coup bas, qui rejoint, à l'autre extrême de l'échiquier politique, Jean-Pierre Chevènement, et qui ne fait de tort qu'à ceux qui le prononcent.

Cela étant, derrière ces coups de pied de l'âne, se profile la vérité du combat politique de Jacques Delors. Il est un fait qu'à l'heure actuelle, Delors est non pas le représentant de l'étranger, mais celui de l'Europe, et qu'il incarne une certaine idée du dépassement des notions provinciales et frileuses de la patrie, de la nation, du renfermement sur soi, de l'économie apeurée. Le trajet qui a été le sien — ce passage à l'acte, comme dit Bernard Maris, qu'a été l'Acte unique européen — en a fait un représentant, un symbole, comme l'a été en son temps quelqu'un comme Jean Monnet, de la volonté européenne. Or, celle-ci n'est pas qu'une affaire économique. S'il est un fait que Jacques Delors est un fédéraliste en matière européenne, là n'est pas le point le plus important.

A mon sens, en se définissant d'abord comme un Européen, ou en même temps comme un Européen et un Français, Jacques Delors nous invite à dépasser les clivages qui ont fait à la fois la grandeur et la décadence des pays européens. Et voilà ce qui importe. En cela, il représente une dimension de l'avenir, et non du passé. C'est pourquoi, parmi tous les candidats potentiels, puisque j'en suis à dire mes choix, ma sympathie va vers lui. Car il est celui qui nous parle de ce qui se passera demain, et non de ce qui s'est passé hier, quelles que soient d'ailleurs les modulations de ce discours. Il a donc un projet, auquel il croit suffisamment pour avoir investi toutes ses forces et toute son énergie dans une tentative de le rendre réel. C'est donc, d'une certaine manière, un utopiste. Mais, pour garder une catégorie que nous avons déjà utilisée, un utopiste raisonnable, qui ne cherche pas à entraîner les masses derrière des illusions qui aboutissent nécessairement au désenchantement, mais qui construit. C'est un bâtisseur. Avec tout ce que cela peut supposer d'échecs répétés, de ratages, de soucis liés aux surprises de la construction.

Pour rentrer dans le vif du sujet, si l'on devait essayer de cerner sur quels fantasmes il agit et à quels fantasmes il nous demande d'adhérer, ce serait le fantasme de l'agrégation. Jacques Delors est quelqu'un qui veut que ceux qui ne se parlent pas, ceux qui ont des intérêts économiques, politiques ou idéologiques divergents, trouvent le moyen de se parler. Il se propose, en quelque sorte, non pas comme un saint martyr, mais comme une espèce de lieu vide : un lieu qui serait tel, politiquement, que pour qu'une construction soit possible, il faille en passer par lui.

La métaphore la plus parlante pour essayer d'expliquer de quoi il retourne serait l'image de ce jeu de lettres utilisé par les enfants et qui s'appelle le pousse-pousse. Il s'agit d'un rectangle dans lequel des petits carrés supportant des lettres sont disposés, et où, en maniant les lettres, on doit former un mot. Pour que la chose soit possible, il y a une case vide qui permet de déplacer les lettres. Jacques Delors me fait l'effet de se proposer comme la case vide, celle qui permet, précisément, que les phrases s'écrivent, que les actes deviennent possibles, que la construction s'édifie. Je ne veux pas, loin de là, dire que lui est vide. C'est la position stratégique qu'il occupe que j'essaie de définir à cet endroit.

Si l'on en croit ce qu'il a lui-même déclaré, il a depuis toujours voulu occuper cette fonction de rassembleur, celui qui fait se parler ceux qui ne se parlent plus depuis longtemps. Cela tient probablement à une spécificité politique de son enfance, qui est d'avoir eu à fréquenter très tôt la jeunesse ouvrière sans être lui-même un fils d'ouvrier. Mais cela tient plus probablement encore à sa foi, dont il dit que, sans son secours, il n'aurait jamais pu tenir en politique. La foi de Jacques Delors n'a rien à voir avec la foi du charbonnier. Elle ne l'est peut-être même pas au sens religieux du mot. Elle est la foi dans la nécessité pour l'homme de se tenir à une dimension de spiritualité sans laquelle ses actes et ses paroles n'ont aucune résonance. Ce qui fait que Jacques Delors n'est pas un homme politique vulgaire, pour ne pas dire qu'il n'est pas un vulgaire homme politique, c'est qu'il y a chez lui quelque chose qui laisse la place à une transcendance, à la part du non-savoir.

Ce que j'entends, pour les rares fois où il en a parlé, sur ce que Jacques Delors peut dire de sa foi, et dont il témoigne dans des actes comme de quitter une séance de négociation internationale pour aller à la messe, par exemple, c'est non pas qu'il s'accroche à je ne sais quelle idée du divin, du destin et du *fatum*, mais qu'au plus fort de la tourmente politique, là où chacun met en jeu ses intérêts, il fait de la place à cette case vide, c'est-à-dire à du non-savoir. Et avoir recours à ce non-savoir, c'est faire de la place à ce qui excède le langage, le jeu politicien, et même le jeu politique au sens le plus positif du mot.

Ces propos pourraient paraître très laudateurs, je ne m'en défendrai pas. Après tout, ce type de responsable politique est suffisamment rare pour que nous puissions prendre à son endroit un risque que, personnellement, je me refuserai à prendre avec un autre.

Emmanuel Mounier écrivait : « Enfant, je fus toujours plus sérieux que mon âge. Homme, je me sens enfant parmi les hommes. » La formule définit fort bien les raisons que nous pourrions avoir de lui faire confiance. Car celui qui a été prématuré, parmi ses congénères enfants, et qui n'a pas perdu le contact avec l'enfance puisqu'il est devenu un enfant parmi les hommes, celui-là seul manifeste à l'égard de l'humain une très grande fraternité, puisqu'il n'a perdu le contact ni avec l'adulte ni avec l'enfant. Les caprices de Jacques Delors, comme par exemple de remettre souvent sa démission — ce à propos de quoi nombre de politiciens font des gorges chaudes —, sont autant d'indices tendant à prouver que, précisément, il n'a pas renoncé à ce qu'était l'enfance, sans pour autant tomber dans l'infantile. Il n'y a pas renoncé mais, et c'est assez paradoxal, sans peut-être avoir su ce que c'était réellement. Son côté enfantin, gamin, on pourrait même dire caractériel, et qui ressort dans son autoritarisme — côté qu'on retrouve aussi dans cette façon pleine de coquetterie de se prévaloir de son parcours d'autodidacte —, ce côté-là m'est proche dans la mesure où je pense qu'il existe deux façons d'être par rapport à l'éducation et à la pédagogie, et que cette dualité se retrouve également dans deux façons d'être politiquement. Je m'explique.

Je connais deux sortes d'instituteurs. J'ouvre une parenthèse pour rappeler que Freud disait qu'il y a trois métiers impossibles, qui sont enseigner ou éduquer, diriger au sens politique et psychanalyser. Le fait que ces trois métiers soient impossibles leur donne une très grande proximité, mais il existe néanmoins deux façons d'exercer et de prendre acte de cette impossibilité. Dans le cas de l'instituteur, soit il considère que l'élève est une surface vierge, sur laquelle il va imprimer son savoir. L'enfant n'a alors plus qu'à archiver ce qu'il lui transmet, et l'enseignant ne le reconnaîtra jamais comme un sujet ; soit il pense que l'enfant est un sujet doté de la capacité de penser, et il reconnaît en lui un interlocuteur, jusque dans ses erreurs — dans les erreurs de l'enfant, mais aussi dans ses erreurs à lui, instituteur. Je renvoie ici le lecteur à l'œuvre passionnante de Stella Baruk. Chacun sait que les instituteurs capables de tirer profit de l'erreur d'un élève sont rares. La première catégorie d'enseignants serait nettement majoritaire.

Il en va de même en matière politique. Certains hommes politiques pensent que le programme qu'ils ont tracé est le bon, et que si la réalité ne s'y plie pas, c'est qu'il faut changer la réalité. Comme

Brecht le disait, quand le peuple désavoue les dirigeants, c'est le peuple qu'il faut dissoudre. Rares sont les hommes politiques qui considèrent qu'ils ont quelque chose à apprendre des échecs de leurs programmes. Mais Delors fait partie de ceux-là. Sa sensibilité lui permet d'être blessé, quand décidément il veut être blessé ; mais de cette blessure, il tire enseignement pour avancer. C'est peut-être ce qui fait que la sincérité qu'il met en avant est bien réelle. Il ne s'agit pas d'une sincérité au sens moral, mais au sens d'un rapport sincère à la réalité, qui lui fait admettre que les choses ne suivent pas nécessairement le cours qu'il avait envie de leur voir suivre.

Dans sa quête du compromis, de l'arrangement, ce que cherche Jacques Delors n'est pas l'unanimité, mais un chiffre, qui revient d'ailleurs souvent dans sa bouche, et qui tiendrait dans un pourcentage idéal : l'accord à 90 %. De fait, à la tête de la Commission européenne, il est obligé de s'en tenir à la règle de l'unanimité. Mais celle-ci l'intéresse moins que les 80 ou 90 %. D'où vient ce chiffre ? Pourquoi cette insistance à le répéter ? Il semblerait qu'on puisse le rapprocher de l'invalidité de son père. M. Delors père, à la suite de la guerre de 1914, s'est retrouvé mutilé à 90 %. Or, ce père n'est pas indifférent.

Je me permets de faire référence à lui parce que cet homme est la cause de l'engagement politique de Jacques Delors, alors que, semble-t-il, tel n'était pas son désir initial. C'est en effet le père de Jacques Delors qui, de l'aveu même de celui-ci, à l'issue de ses études secondaires, lui a imposé, alors que le jeune homme lui avait fait savoir qu'il ne voulait pas faire d'études supérieures et qu'il voulait travailler — par culpabilité, j'y reviendrai tout à l'heure —, de rentrer à la Banque de France. Et le destin économico-politique de Jacques Delors est lié à ce fait qu'il s'est soumis à cette injonction, pour faire plaisir à son père. Sa tendance, à cette époque, aurait plutôt été de s'intéresser au cinéma. Il avait d'ailleurs, dit-on, monté plusieurs ciné-clubs. Mais sa tendance profonde n'était pas de suivre son père, qui lui-même travaillait à la Banque de France. Au reste, avec leurs noms, Jacques Delors et Jean Monnet auraient dû trouver leur place dans la rubrique « Comme son nom l'indique » du *Canard enchaîné.*

Jacques Delors accepte donc de bonne grâce de faire ce que son père lui dit. Et là où il apparaît comme un personnage tout à fait crédible pour la suite des événements, c'est qu'il n'agit pas sous l'effet de la seule soumission — qui ressemblerait par exemple à ce qu'on verra de la soumission de Jean-Marie Le Pen à la violence paternelle —, mais qu'il est animé par le souci de ne pas blesser. Et ce souci, nous pouvons parier sur lui, en ce sens qu'il est probablement un souci de ne pas *nous* blesser. On pourra compter dessus.

Cette décision n'a pas empêché Jacques Delors de continuer à cultiver ce qui l'intéressait le plus, tout en faisant sien le désir de son père. Après tout, c'est peut-être à ce moment qu'il est devenu adulte, au sens où est adulte celui qui peut faire sien un désir, bien que ce ne soit pas le sien.

L'éclectisme des goûts de Jacques Delors participe bien de ce mouvement. Ce qui est sympathique dans sa manière de faire de la politique, c'est que ça ne l'a pas détourné de ses intérêts majeurs, à savoir deux choses tout à fait importantes : le jazz et le sport. Pourquoi est-ce important ? Parce qu'un homme politique qui peut s'intéresser à la fois à des choses aussi élitistes et populaires que le jazz et le sport n'est pas en réalité totalement engagé dans la vie politique : il conserve un lien avec la question de sa propre jouissance dans le monde.

La plupart des hommes politiques ont des hobbies, comme on dit. Jacques Delors, lui, a poussé très loin la connaissance du jazz, et est devenu un véritable spécialiste. Il est devenu aussi un véritable spécialiste du football, du vélo, etc., avec le même sérieux que lorsqu'il fait de la politique. Il n'est pas praticien ni du jazz ni du sport, mais il est intellectuellement et affectivement engagé dans le jazz et le sport de la même façon qu'il est engagé dans la politique. Au fond, on pourrait dire qu'il y a chez Jacques Delors les garde-fous dont tout homme politique a besoin, que les institutions prévoient, et qui, dans son cas, à la limite, n'auraient même pas besoin d'être préalablement construits puisqu'ils sont en lui. Ajoutons à cela que, même pour sa culpabilité, il s'est donné un lieu, l'église, et donc il n'en embarrasse pas la politique.

Ces considérations sont plutôt flatteuses à son endroit. *A contrario*, on peut légitimement se poser la question de savoir s'il existe chez lui une zone d'ombre. Je ne suis pas d'avis de dire qu'il y a chez chacun du bon et du mauvais et que, parce que j'ai dit beaucoup de bien de Jacques Delors, il faudrait, pour équilibrer la balance, trouver ce qu'il y aurait de méchant à en dire. Ce qui, chez cet homme, pourrait apparaître comme des traits de caractère capables de nous dissuader de le suivre en politique, n'est pas apparu. Il n'en fait pas un usage publique.

Sa sensibilité est certaine. La question de savoir si, pour un homme politique, il s'agit d'un défaut ou d'une qualité reste ouverte : tout dépend évidemment si on se situe en adversaire, en ennemi ou en ami de Jacques Delors. Là où je pense que le président de la Commission européenne entretient une illusion, dont j'imagine qu'il sera capable un jour d'en revenir, c'est sur la question de l'agrégation, que l'on pourrait appeler la question du communautarisme delorien — inspiré d'ailleurs d'Emmanuel Mounier —, et qu'on pourrait définir comme un personnalisme, qui serait la mise en acte dans le jeu politique d'une conception toute chrétienne de l'existence.

Je n'ai pas hésité à dire de Jacques Chirac que, malgré les apparences, il avait tout d'un idéologue du messianisme. Pourquoi, alors, bien que Jacques Delors soit quelqu'un qui affirme sa foi, ne pas dire que lui aussi croit en un certain messianisme ? J'estime que le ressort de Jacques Delors est tout autre que celui de Jacques Chirac. Son action, à mon sens, se fonde sur la culpabilité, et une grande part vise à le déculpabiliser. Mais il ne s'agit pas d'une culpabilité à l'égard de tel ou tel acte qu'il aurait commis à tel ou tel moment de son existence, mais d'une culpabilité bien plus profonde, la culpabilité d'*être*, qui pourrait pour tout un chacun s'énoncer ainsi : « En quoi suis-je légitimé d'agir, d'être, de parler ? »

Jacques Delors est quelqu'un qui est habité par la culpabilité. Il raconte à divers endroits combien il s'est senti coupable d'appartenir à une classe socialement et économiquement plus élevée que celle de ses camarades du quartier de La Roquette. Cette culpabilité de classe, qui lui a fait par exemple déserter les études supérieures à la sortie du secondaire, me paraît, si j'ose dire, une culpabilité de bon aloi. Il ne s'agit pas d'une culpabilité qui le pousserait à commettre des actes irréparables dans l'espoir d'une sanction qui l'en libérerait. C'est plutôt une culpabilité qui le dynamise, pour essayer de faire que ce qui l'a rendu coupable, la distance qu'il a perçue, entre ce qu'il était et ce qu'étaient ses camarades, se réduise. Ce n'est donc pas d'une rédemption personnelle ou sociale qu'il attend une réduction de sa culpabilité, mais bien d'une réduction de l'écart qu'il a constaté très tôt dans sa jeunesse, et qui lui fait dire, précisément, que ce qu'il était, enfant, a eu plus de rapport avec l'adulte qu'avec l'enfant ; à ceci près que, pour affirmer une chose pareille, qui n'est pas de lui mais de Mounier, il faut croire que c'est l'adulte qui est sensible à cette différence, alors que Delors témoigne que c'est d'abord l'enfant qui perçoit cette différence. Au point, nous dit-il, qu'il était quelquefois, à cause des jouets qu'il avait ou de l'appartement qu'il habitait, gêné d'inviter ses camarades à la maison. Et quelqu'un qui n'a pas perdu le souvenir de la gêne qu'il éprouvait, de la différence, sans que cette gêne de la différence le pousse à haïr celui qui est différent, sans que ça le pousse à se haïr lui-même, celui-là a peut-être quelque raison de se dire, sinon Freud, au moins freudien.

Car la perception de l'écart, de la différence, c'est précisément ce en quête de quoi Freud est resté toute sa vie. Non pas en quête de la petite différence narcissique, mais en quête de la différence sur quoi se fonde le registre du signifiant.

Jean-Pierre CHEVENEMENT

Un désir qui naît de la vraie connaissance du bien et du mal peut être éteint ou contrarié par beaucoup d'autres désirs qui naissent des affects auxquels nous sommes en proie.

SPINOZA,
L'Ethique.

« Pour les uns, je suis marxiste, pour les autres, maurrassien. Allez savoir... » Cette phrase est de Jean-Pierre Chevènement. Elle figure dans une interview accordée au *Nouvel Observateur* du 19 juin 1982, et citée par Christian Makarian et Daniel Reyt dans leur biographie, *Un inconnu nommé Chevènement.*

C'est effectivement la question. Jean-Pierre Chevènement pense, depuis de nombreuses années, se faire passer pour le représentant le plus légitime de la gauche du Parti socialiste. Il y serait le seul, avec ses amis, à être un homme authentiquement de gauche. Pourquoi et comment en est-on venu à imaginer que Jean-Pierre Chevènement représentait bel et bien au sein du Parti socialiste — parti pour le moins idéologiquement composite —, pourquoi, d'une certaine façon, a-t-il réussi à faire que ses propos, son idéologie, son comportement soient perçus comme ce qui continuerait de représenter la volonté de la gauche, celle-là même que le Parti socialiste, dans son rapport au pouvoir et son alliance avec l'idéologie libérale, aurait progressivement abandonnée ?

Le fait que lui-même ne tranche pas la question de savoir s'il est plutôt maurrassien ou plutôt marxiste, qu'il laisse à notre charge la définition de son appartenance idéologique, témoigne de ce qui, dans son discours, reste véritablement ambigu.

A un autre niveau, le fait que Jean-Pierre Chevènement associe l'idée d'un patriotisme républicain dur et l'idée d'un socialisme non moins dur au secours des petites gens, qualifié quelquefois de stalinien, va bien avec cette alliance contre-nature. Qu'on me permette de discuter sans attendre ce que serait la nature dans l'association — disons le mot — du nationalisme et du socialisme. Tout, dans les propos et l'action de Jean-Pierre Chevènement, vise à rapprocher le nationalisme d'une part, le socialisme de l'autre, en remplaçant, selon les occasions, le concept de nationalisme par un autre, tel que patriotisme ou républicanisme, et celui de socialisme par d'autres encore. Simultanément, tout est fait dans son action et ses propos pour nier qu'une telle alliance ait déjà produit ses effets.

L'embarras dans lequel il est lui-même, et dans lequel il plonge ses électeurs et ceux qui s'intéressent à ce qu'il dit, vient du fait qu'il s'agit de promouvoir un nationalisme socialiste, qui ne fasse en aucun cas référence au national-socialisme.

La question est de savoir si le national-socialisme est une perversion aléatoire de l'association de ces deux concepts, ou si l'association de ces deux concepts entraîne, quels que soient les sujets qui se placent sous sa bannière, les effets que l'histoire nous a montré devoir produire.

Pour ma part, je prendrais le parti de soutenir que, quoi qu'il en soit de ce que M. Chevènement souhaite réellement, de ce qu'il veut pour lui et la France, l'association de ces deux volontés, nationale et socialiste, ne peut que produire les effets, impossibles à contourner, que l'histoire a montrés.

Selon ses propres biographes, le parcours politique de Jean-Pierre Chevènement, sans être aussi équivoque que celui d'autres personnages de l'appareil politique français, ne manque pas d'ambiguïtés. Il a été, certes, un militant de la gauche à la fois radicale, mendésiste et proche des conceptions du Parti communiste français, mais il a aussi incarné, dans certains clubs qu'il a menés ou présidés, certains groupes de réflexion auxquels il a appartenu, un homme politique dont les conceptions n'étaient pas très éloignées d'un certain maurrassisme, voire d'un certain barrésisme. Qu'il ait été obligé de répondre à son interlocuteur, en 1982, de la façon que nous venons de citer n'est pas le fruit du hasard : c'est la conséquence de la mise en question, au moment où il devient ministre, donc au moment où on s'interroge sur son passé, de l'authenticité de son parcours au sein du Parti socialiste.

Reste que Jean-Pierre Chevènement se veut consciemment stendhalien. Qu'est-ce que cela signifie ?

La référence à Stendhal, qui est le nom qu'il a réussi a faire donner à sa promotion de l'ENA, n'est pas purement accidentelle : lui-même a voulu qu'il en soit ainsi. A diverses reprises, il a eu l'occasion de s'exprimer sur le fait que Stendhal — parfois Nietzsche — était son auteur de prédilection. Il me semble que, dans l'œuvre de Stendhal, le personnage auquel Jean-Pierre Chevènement pense le plus, c'est Julien Sorel. Or, qui est Julien Sorel ? On a longtemps vu en lui un simple arriviste, qui s'arrachait à sa condition pauvre et provinciale pour, à la manière stendhalienne, monter les échelons de la société et éprouver la difficulté qu'il y a à s'insérer dans une société qui ne laisse pas place à ceux qui ne viennent pas du sérail. Jean-Pierre Chevènement, dans son parcours politique, a appris effectivement qu'il ne suffisait pas d'être un brillant élève, de savoir manier le verbe comme les enfants de la bourgeoisie ou de l'aristocratie, pour se faire une place dans une classe et une société que, par ailleurs, il contestait.

Mais Julien Sorel n'est pas seulement pour nous ce Rastignac à la façon de Stendhal. C'est un personnage qui, bien plus peut-être que ne le voudrait Jean-Pierre Chevènement, lui colle à la peau. Et pas uniquement à cause du parcours politique, mais essentiellement en raison de certains traits psychologiques. Pour préciser les choses, rappelons-nous le moment, dans *Le Rouge et le Noir*, où Julien Sorel, précepteur brillant chez M. et Mme de Rênal, décide de conquérir sensuellement celle-ci. Chacun se souviendra que ce qui est au fondement de son action est une réelle froideur à l'égard de l'objet de sa conquête. Froideur qui est telle qu'au moment de la scène décisive, au cours de laquelle il va saisir la main de Mme de Rênal, il est encore quelque peu indécis, ne sachant s'il doit porter son dévolu sur Mme Derville, la cousine de Mme de Rênal, ou sur Mme de Rênal elle-même. Jusqu'à la dernière seconde, il n'a pas encore résolu le problème qu'il s'est posé à lui-même, mais il sait déjà au fond de lui que c'est par une femme, voire par les femmes, qu'il favorisera son ascension sociale. Pour une raison qui importe peu ici, il choisit Mme de Rênal. La scène mérite d'être rappelée. Que le lecteur songe en ce point à l'alternative que Jean-Pierre Chevènement n'entend pas résoudre entre son « marxisme » et son « maurrassisme » — j'ai envie de dire entre le rouge et le noir —, et il comprendra ce qui, dans cette identification à Julien Sorel, s'entend au-delà d'un simple choix idéologique

La nuit vient de tomber. Ils sont, lui, Mme de Rênal et Mme Derville, dans le jardin, et il décide d'un acte volontaire, conscient, d'un acte qui va à l'encontre de ce qu'il éprouve — à savoir sa timidité. Ce soir-là, il va prendre la main de Mme de Rênal, et lui imposer de la lui abandonner. Et cela sous le regard (volontairement ?) aveugle de Mme Derville.

Que se passe-t-il dans cette scène ? Telle que Stendhal nous la décrit, tout part d'un acte que Julien Sorel décrit comme un combat : « L'affreux combat que le devoir livrait à la timidité était trop pénible pour qu'il fût en état de rien observer hors de lui-même. » Le combat n'est donc pas entre un sentiment et un autre, mais entre le devoir qui le pousse, croit-il, à commettre cet acte, et une timidité, une réserve, qu'il attribue et identifie à sa position sociale.

Pas un instant il ne s'interroge sur le fait que ce combat pourrait opposer deux affects contradictoires, par exemple le fait que, en se saisissant de cette main, il va provoquer du désir chez une femme dont, par ailleurs, il nous dit qu'il ne l'aime pas. Ce n'est donc pas une lutte entre la froideur et la chaleur, entre le désir et la volonté de conquête sociale. C'est un combat entre le devoir, c'est-à-dire le calcul, et la timidité, c'est-à-dire une autre forme de calcul — un combat entre deux calculs.

Quand il aura réussi à prendre la main de Mme de Rênal, à l'insu de Mme Derville, quand il l'aura donc fait céder et gagné ce qu'il identifie à une bataille napoléonienne sur un champ de guerre, il conclura, ou Stendhal conclura pour lui : « Il avait fait son *devoir* (souligné par Stendhal), et un devoir héroïque. »

Il pourrait paraître abusif de ramener Jean-Pierre Chevènement à cette question du devoir et du devoir héroïque. C'est pourtant ce qui transparaît du moindre de ses propos. La volonté héroïque, chez lui, pourrait se traduire par la nécessité de la prise de conscience, l'importance qu'il accorde à tout ce qui est phénomène conscient.

Ainsi, dans *Les Socialistes, les Communistes et les Autres*, s'appuyant d'ailleurs sur un auteur qui se réclame de la psychanalyse, Gérard Mendel, il insiste sur le fait que le problème clé pour la société politique qu'il appelle de ses vœux « est donc bien celui de la prise de conscience qu'une autre manière de produire et de décider est possible ».

Plus loin, il reprend cette question de la prise de conscience et de l'épanouissement de la personnalité, et il est tout près de conclure avec ces mots : « Ainsi la réussite de l'union de la gauche sera un phénomène de la conscience, ou elle ne sera pas. »

La conscience est, je crois, ce qui, chez Jean-Pierre Chevènement, traduit le mieux l'idée de la volonté. Or, la conscience, la psychanalyse nous a appris qu'en tout état de cause, c'était toujours la mauvaise conscience — ni plus ni moins que ce que Freud va appeler le surmoi. La conscience dont nous parle Jean-Pierre Chevènement, le fait d'être conscient, de se revendiquer comme lucide et plus conscient que les autres, ne va généralement pas très loin. Elle ne s'éloigne guère de la dimension de la prophétie. Et, c'est vrai, Jean-Pierre Chevènement a une façon de parler qui consiste toujours à nous annoncer ce qui va se passer. Que ce soit à propos de la guerre du Golfe, ou de la manière qu'ont eue différents gouvernements socialistes de gouverner, il intervient dans le débat politique à coups d'annonces prophétiques. C'est dire qu'il s'autorise de sa prise de conscience, de sa lucidité, pour énoncer ce qui va se passer. Or, manifestement, la plupart du temps il se trompe. Non parce qu'il serait un mauvais futurologue, mais parce que justement il ne s'appuie que sur sa volonté propre, sur ce que Stendhal appelle l'« affreux combat » qu'il se livre et qui l'empêche d'observer ailleurs qu'en lui-même ce qui se produit.

Pour comprendre comment, concrètement, une telle attitude fonctionne, il nous faut revenir à cette affaire de la guerre du Golfe et de son départ du ministère de la Défense. L'épisode éclaire tout un pan de sa façon de faire de la politique. La démission de Jean-Pierre Chevènement est un acte volontariste, ce qui ne veut pas dire volontaire. S'il avait claqué la porte parce qu'il trouvait insupportables les positions prises par François Mitterrand et le gouvernement de Michel Rocard pendant la guerre du Golfe — notamment les positions à l'égard des Etats-Unis —, si cela avait été un coup de cœur, ou un refus d'entériner une politique sociale et économique avec laquelle il était en désaccord, ce départ aurait eu un tout autre sens. Mais nous devons resituer sa démission dans la façon dont M. Chevènement aborde habituellement la question de l'acte en politique. Et, de ce point de vue, parler de M. Chevènement, c'est parler d'une dimension que nous avons peu abordée à propos des autres candidats que nous avons « allongés sur le papier », et qui est de s'interroger sur ce qu'est un acte politique.

Pourquoi dis-je qu'il ne s'agissait pas d'un coup de cœur ? Parce que, manifestement, il s'agissait d'un calcul. Il lui fallait, pensait-il, ni plus ni moins que prendre date. Ainsi en avons-nous le témoignage quand Chevènement, en campagne électorale à Belfort, comme nous l'apprend *Le Canard enchaîné* dans sa rubrique « Vite dit » du 5 juin 1991, a expliqué que sa démission du ministère de la Défense pendant la guerre du Golfe a été un « acte fort », comparable à ce qu'on a appelé la « désertion » de De Gaulle en juin 1940. « Dans cinquante ans, a-t-il confié à *France-Soir* [mais c'est toujours *Le Canard* qui cite], je serai considéré comme quelqu'un qui a honoré son pays. »

Nous voyons dans une telle affirmation que le calcul repose sur l'identification, ou la tentative de s'identifier à ce que serait un acte politique. Pour le dire autrement, Jean-Pierre Chevènement pose, en principe, que l'Appel du 18 juin est un acte politique. Et, ni plus ni moins qu'à la manière de Julien Sorel, il mime ce qu'est à son sens un tel acte, pensant que de le mimer suffira à faire que ce qu'il produira sera aussi un acte politique. Il y a à ce sujet beaucoup de choses à dire. La principale serait sans doute que, de fait, dans les écoles où l'on enseigne la stratégie militaire et politique, on apprend aux étudiants, aux jeunes officiers, au futur personnel politique de l'Etat, les grandes batailles, bien sûr, les leçons qu'on a tirées des campagnes de Gengis Khan, de Napoléon, des textes de Clausewitz, de la manière dont de Gaulle a pris le pouvoir et l'a exercé, etc. Mais si on enseigne le passé à ceux qui veulent devenir généraux ou ministres, ce n'est pas pour qu'ils imitent ce qu'on leur apprend, mais plutôt pour qu'ils sachent ce qu'ont été les erreurs des grands anciens, l'enseignement qu'ils en ont tiré, et pour qu'ils soient à égalité de savoir avec leurs adversaires, voire leurs ennemis qui, connaissant les ruses déjà utilisées, ne pourront les répéter, puisqu'ils sauront que leur adversaire les connaît. Ce n'est donc pas un savoir à mimer qui est proposé, mais un savoir utilisé pour créer, faire du neuf avec l'ancien.

L'image qui rendrait le plus fidèlement compte de ce dont il s'agit est celle du champion d'échecs. Un champion d'échecs qui se respecte est censé connaître toutes les grandes parties qui se sont jouées ; parce que s'il en est une seule, et même une variante, qu'il ne connaît pas, et que son adversaire la connaît, il sera évidemment battu. Mais s'il joue une partie qui a déjà été jouée, l'adversaire connaissant lui-même cette partie, il en connaît aussi la réplique.

La façon avec laquelle Jean-Pierre Chevènement fait de la politique, comme en témoigne avec éclat ce propos rapporté par *Le Canard enchaîné*, va en réalité à l'encontre de l'acte créateur en politique, et le conduit à n'être, effectivement, qu'un Julien Sorel.

On pourrait, toujours dans *Le Canard enchaîné*, extraire cette autre citation, en date du 8 décembre 1993, quand, après avoir créé son Mouvement des citoyens, à Grenoble, il déclare : « Nous sommes déjà beaucoup plus nombreux que ne l'étaient les Français libres à Londres en juillet

1940. » Il ne s'agit pas là de brocarder l'outrecuidance du personnage, mais de montrer comment il analyse les événements : non pas en prenant acte de la situation dans laquelle il se trouve, quitte à en repérer les éventuelles ressemblances avec des situations anciennes, mais bien en prenant position, une position dans l'histoire, dont il voudrait nous persuader qu'elle est identique à celle du personnage dont il imagine qu'il a été un créateur.

Cette position est celle du plagiat en histoire — et qui nous fera un jour un traité sur le plagiat dans l'histoire ? — qui conduit tout simplement à la stérilité politique. La fascination qu'exerce sur Jean-Pierre Chevènement le personnage de Charles de Gaulle se comprend quand on la rapporte à ce propos par lequel nous avons commencé cette analyse, je veux parler de son indécision en matière maurrassienne. Mais on peut aller au-delà. Je crois que ce qui le fascine chez de Gaulle, fascination qui va presque jusqu'à en singer l'élocution, c'est moins le personnage lui-même que, précisément, cette énigme que constitue pour lui un acte politique.

Alors, posons la question : quand y a-t-il acte ? La dimension de l'acte est l'une des plus difficiles à définir. Un acte, qu'il soit politique ou autre, est une invention. Dans un moment historique où tout porte à penser que les jeux sont faits, un homme prend sur lui de dire que les jeux ne sont pas faits. Et il ne se soucie ni de sa légitimité sociale, ni de sa légitimité politique, ni d'une quelconque légitimité, pour produire le discours qui, après coup, va faire acte. Il ne se soucie même pas de savoir si c'est un acte. Il le produit parce qu'il est, à ce moment-là, comme expulsé de lui-même. Il le produit comme une nécessité qui n'est pas une nécessité du moi, narcissique, mais qui résulterait d'une profonde identification non pas imaginaire — comme dans le mimétisme —, mais d'une identification symbolique à l'objet pour lequel il parle.

Dans le cas de De Gaulle, une identification symbolique au destin de la France. C'est parce que de Gaulle ne met aucun narcissisme dans l'Appel du 18 juin qu'il peut en faire un acte politique. Si de Gaulle s'était rangé, à ce moment-là, sous la bannière de qui que ce soit, de quelque pays ou de quelque idéologue que ce soit, s'il avait produit son discours contre celui d'un autre, jamais personne n'y aurait entendu l'énonciation de la France qui parlait à travers sa parole, mais l'énonciation de sa singularité narcissique. Je ne veux pas dire que de Gaulle était dépourvu de narcissisme, loin de là. Mais dans l'acte lui-même, il s'en est départi, et c'est ce qui a rendu l'acte possible. Il n'a mimé personne pour la simple et bonne raison qu'il n'y avait personne à mimer. Cet acte, il ne pouvait que l'inventer, il n'y en avait pas eu de similaire auparavant.

La position de Jean-Pierre Chevènement est plus proche du passage à l'acte que de l'acte lui-même. Et son attitude pendant la guerre du Golfe résulte effectivement d'un passage à l'acte. De quoi s'agissait-il ? De nous faire croire, à ce moment-là, que la situation créée par le conflit du Golfe pouvait être perçue comme similaire à ce qu'avait été la guerre de 1939-1940. Or, d'une part, une telle identité était à la mode — puisque Saddam Hussein était classiquement identifié à Hitler —, et donc elle n'avait rien de particulièrement créative, et, d'autre part, justement parce qu'elle était à la mode, elle était fausse. Car les exactions, selon le point de vue qu'on défendait à l'époque, de Saddam Hussein ou des Américains n'avaient aucune commune mesure avec les exactions de Hitler et de Mussolini au cours de la deuxième guerre mondiale, ne serait-ce que pour la raison suivante : ce n'est pas au nom d'un discours ou d'une idéologie que Saddam Hussein a envahi le Koweït, pas plus que ce n'est au nom d'une idéologie que les Américains ont décidé de le faire reculer. Dans un cas comme dans l'autre, c'est au nom d'intérêts géopolitiques et économiques parfaitement définis. L'enjeu est local, même si la dimension est mondiale par son aspect économique. Il ne s'agit pas de savoir, à ce moment-là, si l'Irak a une propension avouée ou inavouée à dominer, ne disons pas le monde, mais ne serait-ce qu'une partie du monde.

Ce qui nous intéresse, c'est d'essayer de comprendre pourquoi M. Chevènement défend quelqu'un, Saddam Hussein, dont tout décrit le caractère manifestement dictatorial, en tout point opposé à l'idéologie qu'il souhaite voir mise en œuvre pour les Français. Le paradoxe est si grand que M. Chevènement ne sera, évidemment, suivi par personne ou pratiquement personne. Ce « pratiquement personne » mérite d'être développé, car en réalité il va se retrouver sur des positions précisément identiques à celles qui prévalent aux antipodes de sa propre idéologie, à savoir du côté de Jean-Marie Le Pen. Il n'y a en effet que deux personnages politiques qui, au plus fort de la crise, sont allés rendre visite à Saddam Hussein, Chevènement et Le Pen. Y a-t-il là une récurrence de la question posée par Chevènement : est-il marxiste ou maurrassien ? Tout comme lui, je laisserai à chacun le soin d'en décider.

Pourquoi cette mansuétude pour Hussein ? Tout se passe comme si Jean-Pierre Chevènement disait — compte tenu de la façon qu'il a de croire que l'histoire se répète à l'identique : « Eh bien, si nos gouvernants, plutôt que de s'opposer par la violence à Adolf Hitler, étaient allés le trouver et avaient discuté le bout de gras avec lui, il y a de fortes chances pour que tout ce qui eut lieu ne se soit pas produit. »

Là, les bras nous en tombent ! Car une telle naïveté politique nc pcut qu'interroger sur ce qu'est la naïveté.

Comment comprendre que le même homme qui se veut, en France, le défenseur de l'idée socialiste, peut-être l'ultime défenseur de cette idée, vu la dégradation du Parti communiste et la chute de l'idéologie stalinienne en Europe, se retrouve en position de défendre, en France, mais cette fois aussi dans le monde entier, les intérêts d'un des plus redoutables dictateurs du Moyen-Orient ?

Quand Jean-Pierre Chevènement a été interpellé sur ce point, sa réponse a été que Saddam Hussein était un défenseur de la laïcité, dans un monde qui bascule « tranquillement » mais certainement vers l'intégrisme. Et parce qu'il est un dirigeant laïque et moderne, il fallait le soutenir contre les ayatollahs et autres intégristes en vogue au moment de la guerre de Golfe, et aujourd'hui encore.

L'argument est-il crédible ? Analysons-le *a contrario,* et disons, non pas que Jean-Pierre Chevènement défend Saddam Hussein, mais qu'il trouve là l'occasion d'attaquer les Etats-Unis. Et la question de savoir pourquoi il veut attaquer les Etats-Unis est une question brûlante, parce qu'il s'agit de savoir s'il veut l'attaquer comme l'idéologie de gauche a toujours attaqué l'impérialisme américain, ou si c'est du point de vue du nationalisme français, ou de l'extrême nationalisme français, qu'il s'en prend à l'Amérique.

A cet égard, il nous faut avoir recours à ce qu'il a laissé dire de son enfance par ses biographes. Jean-Pierre Chevènement est né au début de la guerre. Sa naissance a coïncidé avec le début de la captivité de son père. Pendant les six premières années de sa vie, le père n'était pas là, parce qu'il était prisonnier des Allemands. Tout se passe comme si, à six ans, grâce aux Américains, entre autres, son père revenait. Et la question que nous pouvons nous poser est de savoir s'il en a été si content, et s'il ne leur en garde pas une secrète rancune.

Certes, il est clair d'un certain point de vue qu'il les en a remerciés ; mais il est non moins clair que la haine et la méfiance qu'il exprime à leur égard rendent légitime que nous nous interrogions sur le fait de savoir si, au-delà de ce contentement de surface, il n'y avait pas un mécontentement certain.

Le lecteur aura remarqué que nous n'avons pas abusé jusqu'à présent d'un certain usage de l'enfance des hommes politiques. Mais, dans son cas, comment faire autrement ? Jean-Pierre Chevènement semble être dans la position de quelqu'un qui refuse absolument, non pas de payer une dette, mais simplement de la reconnaître. Tout son parcours va dans le sens d'une double dénégation.

D'un côté, dit-il, les Américains ne sont pas ce qu'ils paraissent être, ils ne sont pas des libérateurs. Or, j'insiste sur ce point, les Américains sont tout de même ceux qui ont libéré son père.

D'un autre côté, il dit encore que les Allemands ne sont pas les diables ou les fauteurs de guerre qu'une abondante imagerie populaire voudrait nous imposer. Je prétends qu'il s'agit d'une dénégation parce que, nous l'avons déjà rappelé à propos de Jacques Delors, quand il s'agit de lutter contre l'idée européenne, c'est aussi en diabolisant l'Allemagne que Jean-Pierre Chevènement pense faire peur à l'électeur et l'incite à ne pas voter pour Maastricht. Donc, d'un côté, il défend l'unité plus raisonnable de la représentation que nous nous faisons de l'Allemagne, et de l'autre, il réveille les vieilles peurs. Il ouvre un antagonisme où se retrouve l'angoisse. Est-elle authentique ou calculée ? Il s'agit à l'évidence d'un usage de l'angoisse des Français dans leur rapport à l'Allemagne où apparaît son utilisation à des fins politiques, visant à empêcher l'unification de l'Europe, au nom du fait que cette Europe sera une Europe capitaliste et non une Europe sociale.

Toutes ces ambiguïtés, tous ces retournements ne se comprennent qu'à partir du « sorelisme » de Jean-Pierre Chevènement. Qu'est-ce à dire ?

A un moment, je me suis demandé si ce qui m'agaçait chez lui n'était pas le fait qu'il s'appelle Jean-Pierre, et que le voir défendre des idées aussi ambiguës avec le même prénom que moi n'égratignait pas l'image que je me fais de ceux qui doivent porter ce prénom. Sans que cela soit impossible, je crois que l'agacement principal tient au fait que le « sorelisme » de Jean-Pierre Chevènement laisse entendre tout son côté volontariste, autoritaire, violent. On en est amené à se demander comment quelqu'un qui est à ce point volontariste et autoritaire peut vouloir la société de libertés républicaines qu'il appelle ou semble appeler de ses vœux.

L'aspect autoritaire du personnage ressort par exemple dans ce passage de la biographie de Makarian et Reyt : « Quand mon père était instituteur et que ça n'allait pas, on mettait les gosses au fond de la classe, les bras en croix, deux bûches de chaque côté. Le Doubs est un pays de forêts. Et il fallait qu'ils tiennent le coup pendant une demi-heure. C'était une méthode. Aujourd'hui, ça ne correspondrait plus aux mentalités. »

Où l'on entend percer une certaine nostalgie d'une méthode d'éducation à la dure, d'une pédagogie proche de ce qu'Alice Miller, dans *C'est pour ton bien*, a appelé la « pédagogie noire ».

En somme, ce que Jean-Pierre Chevènement nous apprend, par son parcours, c'est que la morgue qui est la sienne, son profond narcissisme ne font que dissimuler une indécision certaine. Preuve en est que son discours est constamment émaillé de : « Il faut ». Si l'on pouvait comptabiliser les phrases qu'il commence par « Il faut », on serait proprement ahuri. Ce « il », défectif et impersonnel, auquel il semble soumis, ne peut, d'une certaine façon, que nous effrayer. Car nous voilà amenés à nous demander à qui obéit M. Chevènement. Quant à son appel à la liberté, son discours valorisant les idéaux de la République et de la Terreur révolutionnaire, ne sont-ils pas autant de façons de masquer son travail au service d'un « il » autoritaire, vengeur, qui ne nous veut pas forcément le bien que Jean-Pierre Chevènement dit nous vouloir ?

Philippe de VILLIERS

Adieu famille, enfants et femme, dignité, devoir, fortune, honneurs, pays et Dieu. Cette contagion passionnelle ayant pour effet d'attaquer lentement le sens quelconque de ces vocables dans les cerveaux inoculés, la vie se restreint en peu de temps à un spasme pour nos galants déserteurs.

Auguste, comte VILLIERS DE L'ISLE-ADAM,
L'Eve future.

Dans *L'Homme Moïse et la religion monothéiste*, Freud, s'interrogeant sur les causes et les origines de l'antisémitisme, en vient à dire que celui-ci est en Occident le fait de ceux qu'il appelle les « mal baptisés ». Il veut signifier par là que, en son fond, la doctrine antisémite serait une révolte, non point tant contre le judaïsme en tant que tel, mais contre le judaïsme comme origine du christianisme. Ainsi fait-il comprendre que, malgré les apparences, vingt siècles de christianisme n'ont pas réussi à éradiquer totalement le fond païen et idolâtre des sociétés dans lesquelles le christianisme, par la force de ses idées ou de ses armes, a réussi à s'imposer.

Merejkovski raconte pour sa part dans *Le Roman de Léonard de Vinci* que, encore en pleine Renaissance, le pape embrassait le pommeau de sa crosse en faisant face à la foule massée devant Saint-Pierre. Sur ce pommeau figurait une reproduction de Vénus. Cette référence païenne dit bien que le message chrétien a eu les plus grandes difficultés — y est-il même parvenu un jour ? — à éradiquer la doctrine du règlement du lien social par la violence, qui est au principe de la barbarie.

Pourquoi commencer par de telles considérations notre analyse de Philippe de Villiers qui, jusqu'à présent, n'est pas soupçonnable d'antisémitisme ? Je voudrais, par cette métaphore, dire que ce qui est vrai du christianisme l'est plus encore des idées du siècle des Lumières. Ainsi l'existence politique de M. Philippe de Villiers atteste-t-elle que ce que nous pourrions considérer comme acquis ne l'est pas. Comme il y a des mal baptisés qui deviennent antisémites, il y a, pourrait-on dire, des mal révolutionnés qui continuent à proclamer les valeurs d'une aristocratie désuète, caduque et passée de mode — croit-on.

De même que l'antisémitisme des mal baptisés s'attaque aux juifs parce qu'en son fond il réfute le christianisme, de même les mal révolutionnés sont-ils des gens toujours au bord, pour peu que l'occasion leur en soit donnée, du passage à l'acte et du passage à l'acte le plus violent.

De sorte que, s'il est vrai que Philippe de Villiers a affirmé qu'il rêve « d'une société où l'on jugerait les gens non sur leurs discours mais sur leurs œuvres », il y a lieu de le prendre à contre-pied et de s'intéresser, précisément, à son discours. Car les œuvres suivent, et la dichotomie qu'il opère entre les discours et les œuvres n'est qu'une rhétorique, qui n'est d'ailleurs pas très solide puisqu'elle ignore le fait que, sans discours, il n'y a point d'homme — que précisément, ce qui caractérise l'humain, ce sont les effets de discours, dont les œuvres sont le témoignage. Son discours conduira donc, si l'époque s'y prête, à des œuvres, comme elle lui a déjà permis de créer, par exemple, le spectacle du Puy-du-Fou, mais aussi de constituer, sinon un parti, en tout cas un groupe d'influence capable d'obtenir aux dernières élections européennes un nombre de suffrages suffisamment significatif pour que l'on puisse considérer que ses discours, sinon les œuvres à venir, rencontrent un certain écho dans le peuple français.

Il faut dire qu'il s'agit là de quelque chose de tout à fait énigmatique. Pourquoi son Combat pour les valeurs, même maquillé en « Mouvement pour la France », comme il dit, est-il un combat auquel des électeurs français peuvent s'identifier, étant entendu que la raison pour laquelle ils votent pour Philippe de Villiers ou sa liste ne signifie pas nécessairement qu'ils adhèrent à l'ensemble de ses propos ?

Combat pour les valeurs masque, comme je viens de le suggérer, que les valeurs dont il s'agit sont celles auxquelles la Révolution française a mis un terme. Philippe de Villiers se distingue d'autres rhétoriciens de l'extrême droite en ce qu'il ne fait pas mystère de ses convictions, liées à son nom, et à ce qu'il imagine être son rang. De ce fait, il nous simplifie quelque peu la tâche.

En réalité, ce qui semble l'épouvanter dans les idées de l'*Aufklärung*, c'est, probablement, à suivre ses développements, l'article 1er de la Déclaration universelle des droits de l'homme, à savoir le fait que les hommes naissent libres et égaux en droit.

Ce texte va à l'encontre de ses convictions, parce qu'il a pour effet, non seulement d'éradiquer les différences entre les classes sociales, mais d'annoncer ce dont, d'une certaine façon, la psychanalyse sera un premier accomplissement, c'est-à-dire le fait d'arracher l'homme à son origine naturelle et biologique.

Ce que M. de Villiers met en exergue, dans son Combat pour les valeurs, c'est que la nature qui est soi-disant par essence inégalitaire n'existe que dans son fantasme. Car la nature, quoi qu'il en dise, pour en parler, il faut le langage. Et le langage, c'est de la culture. La nature est un concept qui naît du fait de l'existence du langage.

Pour le dire autrement, il ne viendrait sûrement pas à l'idée d'une vache de faire la différence entre la nature et la culture. Non pas parce qu'elle est dans la nature, mais tout simplement parce qu'elle n'a pas le langage. Bref, la nature, comme le disait Jacques Lacan, est une supposition de la culture. Et ce qui épouvante celui qui s'appuie sur le naturel, sur l'essence de la nature, c'est bien le fait que l'homme est avant tout un effet, voire un objet du langage — et plus encore, dans le cadre politique qui nous intéresse, un effet de la Loi.

En somme, ce qui préside aux identifications ou aux désidentifications des sujets et des citoyens n'est pas la nature, mais la loi, le droit. Le Combat pour les valeurs, malgré son nom, ou peut-être même son nom l'indique-t-il, est un combat contre la loi, contre le droit. Il est tout à fait important de s'en apercevoir. M. de Villiers donne certes l'impression de combattre le désordre qui naîtrait du non-respect de la loi et du droit ; mais en réalité, pour lui, le désordre qu'il combat naît du non-respect de ce qu'il prend pour la nature. Il est en quête d'une loi qui serait identique à ce fantasme naturaliste. Comme le disait Lichtenberg dans ses *Aphorismes*, l'ordre conduit à toutes les vertus. Mais, et là est la véritable question, qu'est-ce qui conduit à l'ordre ? C'est parce que cette partie du programme de Philippe de Villiers ne nous est jamais donnée que nous avons tout lieu d'être méfiant à son endroit.

Il conviendrait d'insister sur la question de savoir comment le combat pour les valeurs se retourne facilement en un combat contre la loi, contre l'arrachage de l'homme à son origine biologique. Peut-être que l'un des auteurs qui ont le mieux parlé de ce thème est Albert Cohen. Dans *Belle du Seigneur*, il montre qu'existent deux façons d'être dans le rapport au monde. Une façon qui conduit et reconduit la nature, avec tout ce qu'elle suppose de force brutale et d'appel au meurtre ; et une autre qui ne se soutient que de la loi. Ce qui fascine au premier chef, dit Albert Cohen, chez celui qui se réclame de son héritage animal, c'est la capacité de tuer, le pouvoir de tuer. Et ce qui, évidemment, est beaucoup plus difficile, c'est de renoncer à ce pouvoir. Seule la loi peut nous imposer ce renoncement.

Pour le dire autrement, le Combat pour les valeurs, dont M. de Villiers se fait le héros, incarne des valeurs dont on pourrait certes dire qu'elles ont fait leur temps, mais dont on dira plus judicieusement qu'elles sont communément admises — même si le fait qu'il les associe et les promeut à sa façon leur donne un sens qu'au départ elles n'avaient pas dans l'opinion commune.

Ainsi, par exemple, viendra-t-il à l'esprit de peu de gens de contester que l'effort ou le travail soient des valeurs. Mais en réalité, c'est parce qu'il viendra à l'idée de peu de gens que travailler soit un verbe qui s'associe mécaniquement, ou automatiquement, à l'idée de valeur. Les gens travaillent, sans se demander si c'est une valeur. La plupart de gens vivent en famille, sans se demander si la famille est une valeur. C'est le fait de regrouper le travail et la famille dans un cadre idéologique qui les associe l'un à l'autre — sans parler du fait qu'elles se trouvent du coup associées à d'autres valeurs, comme la patrie — qui les arrache à la communauté juridique qui fonde et régit les rapports de jouissance entre les humains. C'est donc ce fait de les arracher au droit qui autorise, en tout cas dans leurs discours, des idéologues comme Philippe de Villiers à s'imaginer que de telles valeurs ont besoin d'être politiquement défendues.

Sous ses dehors polis, policés, politiques, ce vers quoi il tente de nous entraîner n'est rien moins qu'un retournement de ces mêmes valeurs. S'il était vrai qu'on pouvait tirer les leçons de l'histoire, je lui dirais que l'expérience a déjà été tentée, et que dans de nombreux pays — en France, en Allemagne, en Italie ou au Japon — on a pu constater que ceux qui se font les héros de valeurs détachées de leurs contextes légaux nous conduisent, qu'ils le sachent ou non, à la pire des barbaries, simplement parce que les arracher au droit les rapproche du biologique.

C'est là que le psychanalyste s'insurge et oppose aux valeurs la dimension du signifiant, c'est-à-dire la dimension d'une éthique au quotidien, organisée autour de ce qui advient du fait que l'homme perlabore le rapport qu'il a à son humanité.

Bref, celui qui discourt haut et fort des valeurs n'est peut-être pas loin de la canaille qu'il prétend déraciner du sol sur lequel il parle.

Encore une fois, c'est Lichtenberg qui nous met sur la voie, et je l'ai choisi parce qu'il est contemporain de la Révolution française, quand il dit : « Parmi les malentendus et idées fausses que l'on se fait sur la Révolution française, il y a aussi celle-ci qu'elle est menée par quelques scélérats. N'est-ce pas plutôt que les scélérats profitent de l'état d'âme de la nation ? » La formule s'applique encore aujourd'hui, quand on voit, dans un moment comme celui du bicentenaire de la Révolution française, où le peuple est amené à réfléchir sur les acquis de la Révolution, où il vit donc un moment de fragilité puisqu'il s'agit de faire revenir la mémoire, que les états d'âme sont exploités de façon immorale par ceux qui profitent de l'occasion pour vendre leur croyance à l'inhumanité de l'homme.

Reste quelque chose d'absolument énigmatique dans le discours de Philippe de Villiers comme dans celui de ceux qui tiennent des propos identiques : c'est le fait que ceux qui s'opposent, justement au nom de la nature, à l'avortement sont aussi ceux qui réclament le rétablissement de la peine de mort. Cela peut se vérifier dans tous les discours politiques. On pourrait y voir un simple paradoxe. Dans le cas de Philippe de Villiers, comme l'avait déjà fait remarquer *Le Canard enchaîné*, un paradoxe d'autant plus grand que ce soutien à la guillotine fait fi du fait que la guillotine est un acquis de la Révolution. On pourrait donc y voir un simple paradoxe, mais il s'agit de plus que cela. Philippe de Villiers a dit un jour que s'il était contre l'avortement, c'est parce que les fœtus, dans le ventre de leur mère, n'avaient pas d'avocat pour les défendre. Et s'il est pour la peine de mort, c'est parce que tout délit mérite sanction ; et au nom du parallélisme des formes, la sanction doit être à la hauteur du délit, voire du crime.

S'agit-il donc d'un paradoxe ? Je ne le crois pas. Je pense que la même idée, le même fantasme continuent ici de courir, à savoir qu'il ne faut pas que les femmes avortent parce que ce n'est pas naturel, et qu'il faut tuer les assassins parce que c'est naturel — tout cela parce que la violence est partout, qu'elle mène le monde et qu'à la violence on ne peut répondre que par la violence.

C'est avec un apparent paradoxe comme celui-là qu'on comprend comment le fond du discours reste barbare, et dissimule si mal ce qu'Albert

Cohen a appelé le « pouvoir de tuer » : simplement, les choses légales étant ce qu'elles sont, le désir et le pouvoir de tuer se détournent du côté du meurtre légal. Mais comment se fait-il qu'au nom des mêmes principes qui le conduisent à s'opposer à l'avortement, il ne soit pas amené à s'opposer à la peine de mort ? Y a-t-il à cela une autre raison ?

On pourrait ironiser en disant que, pour pouvoir appliquer la peine de mort, il faut des délinquants, et que les délinquants ont beaucoup de chances de se recruter parmi ceux qui auraient été avortés et ne l'ont pas été ; et qu'en somme, ce que M. de Villiers préconise, c'est tout simplement que l'on fabrique des malheureux, des asociaux, pour que la guillotine puisse continuer à tomber.

Jean-Marie LE PEN

Je donnerais bien quelque chose pour savoir au profit de qui, en vérité, ont été accomplies les actions dont on proclame qu'elles ont été accomplies pour la patrie.

Georg Christoph LICHTENBERG,
Aphorismes.

On pourrait commencer en disant que Jean-Marie Le Pen est un voleur. Dit comme ça, je risque un procès. Je vais donc ajouter tout de suite : un voleur au sens de Paul Valéry. Ce dernier dit dans *Mauvaises Pensées et autres* la chose suivante : « Un voleur ne lèse les autres citoyens que dans ce qu'ils ont de plus vil. Peut-être dans ce qu'ils ont de conforme au voleur et au vol. Un homme qui impose ou veut imposer ses opinions, a beau alléguer sa *foi*, ou sa conviction, il lèse les citoyens dans ce qu'ils ont de plus *propre.* »

Cette forte pensée s'applique très précisément, et j'ajouterais de son aveu même, au président du Front national. Même pas dans le sens où il aurait avoué ces vols dont on l'a accusé — des détournements d'héritage, des choses dicibles —, mais au sens où l'une de ses premières interventions à l'Assemblée nationale, quand il a été élu député, pendant l'épisode de la proportionnelle mitterrandienne, un de ses premiers récits, a été de raconter qu'il avait été un voleur. Il y a donc là quelque chose qui est à prendre au sérieux : cet aveu *princeps* devant le représentation nationale, qu'il a volé.

Evidemment, il ne l'a pas fait dans ce but-là, et tout un chacun n'a entendu ce récit que soutenu par l'intention avec laquelle il le racontait. Mais nous pouvons reprendre le récit de cet aveu tel qu'il figure dans le livre de Pierre Jouve et Ali Magoudi *Les Dits et les non-dits de Jean-Marie Le Pen* : « J'ai raconté un jour, à la tribune de l'Assemblée nationale, comment j'avais été très sévèrement corrigé par lui [son père]. J'avais huit ou neuf ans, avec des copains, on avait volé des gâteaux dans la voiture du pâtissier. Cela m'avait valu une tournée de coups de ceinture. Ma mère avait été obligée de s'interposer. Mon père ne s'était pas borné à ça. Il m'avait amené à l'école où, là, on avait mis à genoux les quatre coupables aux quatre coins de la classe. Pendant la récréation on m'avait affublé d'une pancarte arborant l'épithète : " Voleur ", et évidemment tous nos petits camarades se moquaient de nous. C'était une peccadille, mais la sanction était exemplaire. Aujourd'hui, les psychanalystes diraient que cela traumatisent les enfants. Moi, je trouve que c'est un traumatisme très utile.

Question : Vous croyez à la psychanalyse ?

Réponse : Non, je crois à la sanction. »

Cette histoire, qui pourrait passer pour anecdotique, a été racontée avec une intention politique. Prononcée du haut de la tribune de l'Assemblée, ce n'est pas une confidence. Il y a là un usage politique du souvenir d'enfance. Ce dernier a donc une valeur politique, et c'est à ce titre que je me permets de l'analyser. Parce qu'il contient un message, explicite, celui qui a été reçu par tous ceux qui l'ont entendu au moment où il a été prononcé, et un autre qui reste à décoder.

Comme tout praticien de la psychanalyse, je vais donc pour ce faire m'attacher au détail de ce qui est raconté, et partir d'une hypothèse qui est celle de Freud et de la psychanalyse dans son ensemble, et qui veut qu'il y ait une permanence du désir. Que le désir ne se détruit pas, et qu'ainsi, s'il y a eu un désir de vol, celui-ci, sans rester identique à lui-même, a subi un certain nombre de métamorphoses, que l'on peut décrypter aujourd'hui encore.

C'est dans cette optique que la citation de Paul Valéry est si intéressante : elle montre qu'on peut très bien passer du vol de l'objet, de ce qu'il y a de plus vil dans celui qu'on vole, au vol, par exemple, de l'intimité, de ce qui est propre à l'humain, par d'autres voies comme le désir de convaincre, le fait d'imposer sa conviction.

Le ton sur lequel parle Jean-Marie Le Pen, la force qu'il y met, la gesticulation qui accompagne ses propos quand il parle à la tribune apportent effectivement cette sensation d'avoir affaire à quelqu'un qui veut vous empêcher de penser, vous interdire de penser, qui veut vous arracher une conviction. Et en voulant vous convaincre, il vous vole quelque chose de l'intime qui est, justement, votre pensée. C'est d'ailleurs un trait récurrent dans les discours de Jean-Marie Le Pen, ils ont pour but d'interdire la pensée. Si, par exemple, il dit ne pas aimer la psychanalyse et lui préférer la sanction, c'est très précisément au titre où la psychanalyse amène à la pensée. Or, Jean-Marie Le Pen, par ses discours, provoque un arrêt brutal de la pensée.

Essayons de donner toute sa portée à ce texte. Je voudrais, pour l'analyser, procéder autrement que Jean-Marie Le Pen. Soit prendre en considération celui pour lequel il n'a plus aucune considération, c'est-à-dire l'enfant de huit-neuf ans qu'il était à ce moment-là. Et si on prête attention aux mots avec lesquels il s'exprime, on s'aperçoit qu'il dit de lui-même que son acte était une peccadille. Le plus étonnant dans son récit est qu'il ne semble à aucun moment choqué par la disproportion entre la petite peccadille et la sanction reçue.

Il ne paraît pas un instant étonné que, pour un vol de gâteaux, dans une période troublée — en plus, il ne le dit pas, mais c'est l'immédiat après-guerre, chez un enfant de huit ou neuf ans —, donc pour quelque chose qui pourrait apparaître comme du superflu, du luxe, mais qui reste une vraie peccadille, il soit roué de coups, battu à la ceinture, humilié devant ses camarades et assimilé à un voleur parce qu'il avait volé. C'est-à-dire que tout son être était réduit à cette étiquette infamante : voleur.

Il y a là quelque chose que les psychanalystes connaissent bien, qui est l'identification, tout à fait traumatisante pour un enfant, qui consiste à l'assimiler à l'acte qu'il a commis. Ainsi, quand on lui dit non pas : « tu as menti », mais : « tu es un menteur ». Quand on passe donc du jugement d'attribution au jugement d'existence. Et l'enfant Jean-Marie Le Pen, pour qui nous pourrions essayer d'avoir davantage de sympathie que Le Pen n'en a lui-même, a subi cela, ce passage du jugement d'attribution au jugement d'existence : Tu es un voleur et c'est écrit sur ton front.

Comme il dit lui-même que ce traumatisme est positif, si on le prend au pied de la lettre, on peut imaginer que la sanction a produit son effet : l'identification est devenue identité. Si on prend ça au sérieux, et il n'y a aucune raison de ne pas le faire, puisque lui-même le signalait, affirmer que cette sanction n'était pas dramatique nous conduit à imaginer que bien des actes qu'il a commis ont pour but d'effacer, sans qu'il le sache, ce qu'il prétend ne pas vouloir effacer.

Que s'est-il passé au moment de cet épisode ? Que pouvons-nous imaginer, à partir de ce que nous savons aujourd'hui, sur la façon dont se fabrique un traumatisme dans l'enfance ?

On peut concevoir que la disproportion entre la correction et la peccadille qui est censée l'avoir provoquée a créé chez Jean-Marie Le Pen une véritable scission de la personnalité, c'est-à-dire du moi. Quelque chose comme un dédoublement. D'un côté, comme il le dit lui-même, il croit à la sanction. Donc, de ce côté, il soutient et il est son père en train de sanctionner. Et de l'autre, il ne cesse pas d'être cet enfant qui a eu une aspiration au vol, à voler ce que dit Valéry, ce qu'il y a de plus vil chez celui à qui il volait. C'est dire que la vilenie est d'emblée dans la vie de Jean-Marie Le Pen.

Gardons pour l'instant l'idée d'un trauma, qui divise, qui scinde le moi. Jean-Marie Le Pen, si on prend son parcours dans ce qu'il a de plus connu, est quelqu'un qu'on connaît pour vouloir expulser, dans son programme politique, les émigrés, les Arabes — j'ai même lu dans certains textes les Sri-Lankais, les Turcs —, au motif que ce sont des voleurs, ni plus ni moins. Cette idée est suffisamment explicite dans ce qu'il dit pour ne pas avoir à solliciter les textes. Les étrangers viennent voler l'argent de la Sécurité sociale des Français, voler les emplois des Français, les femmes des Français, le pain des Français.

En fait, jusque dans l'idée d'une espèce de complot international contre la France, il généralise une espèce de dissémination du sentiment selon lequel il y aurait des voleurs partout, qui voudraient s'en prendre à ce qu'il a de plus cher, ce à quoi il s'identifie, croit-il, le plus, à savoir la pureté de la France.

Comment s'expliquer un aussi grand nombre de voleurs autour de lui, dans son imagination, dans son fantasme, sinon par le fait que tous ces malfaiteurs ne sont qu'autant d'expressions de ce qui, du fait de cette sanction violente, a été définitivement réprimé ? Car ce qui a été réprimé par la sanction, c'est-à-dire dans le réel, fait retour dans le discours avec l'accusation : « Vous êtes tous des voleurs, vous tous qui n'êtes pas moi. »

On peut imaginer que c'est la solution qui s'impose à lui pour tenter de construire l'unité de sa personnalité. Et pour cela, il a besoin qu'une masse de gens, un groupe social, lui dise : « Oui, Jean-Marie Le Pen, tu es *un*, tu n'es pas le voleur et le volé, tu es *une* personne, tu es le président » — et c'est ainsi que certains l'appellent, dans son entourage, « le président ».

Dans cette expression, le plus important n'est pas le mot président, mais le mot *le*. Cet article désigne le véritable enjeu dans lequel il est pris : faire croire qu'il est un, alors que, précisément, depuis le trauma, il n'est plus un. On remarquera qu'il y a chez lui, et dans la plupart de ses diatribes et autres discours publics, une haine tout à fait étonnante du double, de ce qui fait deux.

Un exemple, qui résume un peu ce que je viens de dire : « Un phénomène très peu connu jusqu'à présent, dit Jean-Marie Le Pen, toujours dans le livre de Jouve et Magoudi, c'est le phénomène d'occupation des campagnes par l'immigration étrangère. Dans beaucoup de départements français, vous avez des gens qui occupent des villages abandonnés, soit qu'ils rachètent la bicoque pour une bouchée de pain, soit qu'ils l'occupent parce qu'il n'y a plus personne. Eh bien là, quand vous êtes turc, avec cinq gosses et cinq chèvres, vous vivez beaucoup mieux qu'en Anatolie. Avec l'aide au logement, les allocations familiales, la vie est belle. Les enfants sont élevés et éduqués gratuitement. Ils iront aux grandes écoles. Ils seront eux aussi médecins, journalistes, etc., et français. S'ils étaient français, encore, mais ils auront la double nationalité. C'est-à-dire qu'ils seront ou turcs et français, ou algériens et français, et qu'ils se mettront tantôt dans l'une, et tantôt dans l'autre. C'est là où nous sommes, dans le fond, des couillons, car nous ne pouvons nous mettre que dans le même. »

Ces lignes sont assez étonnantes, parce que le thème de la double allégeance est un thème tout à fait récurrent dans ses discours. C'est même avec lui qu'il arrive à entraîner les foules, à qui il dit : Mais imaginez que ces gens, à qui nous offrons la nationalité française et qui sont en même temps algériens, se retrouvent demain confrontés à un conflit entre la France et l'Algérie, de quel côté seront-ils ? Ne sommes-nous pas en train de fabriquer nous-mêmes une cinquième colonne ?

Si on raccroche un texte comme celui-ci avec le premier, sur le vol, on s'aperçoit que chaque mot s'applique à lui et à lui seul. La cinquième colonne est en lui, il est cette cinquième colonne. C'est lui qui possède la double nationalité, celle d'être à la fois son père et l'enfant qu'il était. L'enfant pur, justement. Parce que le fait qu'il ait volé un gâteau ne signifie absolument pas qu'il y ait impureté. C'est la sanction, en tant qu'elle le nomme voleur, qui le faisait sortir de la pureté de l'enfance, bien plus que l'acte répréhensible. Et ce mythe de la France saccagée, « célinisée » pourrait-on presque dire, par des hordes d'Algériens, de Marocains galeux, c'est l'enfant qu'il a été. Mais lui relativise le traumatisme, ce qui est cohérent avec la notion d'un traumatisme inconscient, à savoir que, justement, on préfère l'ignorer.

Un traumatisme est quelque chose qui s'élabore, il ne vous est pas donné d'emblée. On peut penser avoir été traumatisé par tel ou tel acte, mais si on se reporte à l'enfant qu'était Jean-Marie Le Pen, et à son admiration pour ce père qu'il a complètement magnifié, il est clair qu'il n'a pas pu penser un instant à la disproportion entre l'acte et sa répression. Ce qui ne veut pas dire que son moi et son esprit d'enfant ont été capables d'assimiler la formidable puissance de la rétorsion.

Aller plus loin, c'est analyser cette rétorsion et donc dire que cette humiliation devant toute la classe, c'est de la torture, une véritable torture, qui avait pour but de lui faire avouer non pas l'acte qu'il avait déjà avoué, mais l'être qui prenait naissance dans l'acte.

On peut, en poursuivant ce chemin, s'apercevoir que la plupart des thèmes qu'il va développer en politique sont inscrits dans ce traumatisme. La question qui reste en suspens est : pourquoi l'a-t-il dit, pourquoi l'a-t-il raconté, pourquoi a-t-il donné une clé aussi forte pour comprendre ce dont il s'agit ? Je crois qu'il nous le raconte parce que, précisément, il attend de ceux à qui il s'adresse, tout en sachant qu'il parle à des sourds, d'être un jour entendu. Non qu'il en espère le moindre effet, les choses étant consolidées au point où plus rien ne pourrait les faire bouger, mais je crois que cela témoigne de ce pourquoi il aspire à être un jour président de la République : c'est-à-dire pouvoir occuper une place d'où il pourrait se faire entendre. Soit encore crier sa plainte d'enfant traumatisé à la face de tout le monde, et pas seulement des Français.

Jean-Marie Le Pen est en train de se fabriquer un grand Autre, un Autre à qui adresser le cri qu'il a étouffé quand il était enfant. Parce que ce qui est surprenant dans le récit qu'il fait de cet acte, c'est qu'il ne parle pas de lui. Il ne dit rien de ce qui a été son sentiment à ce moment-là, et notamment de sa peine. On a l'impression que le Jean-Marie Le Pen d'aujourd'hui était déjà constitué à huit ans, et se comportait déjà comme un valeureux sous-lieutenant dans les Aurès, qu'il n'avait peur ni de souffrir ni de la mort. Il y a là quelque chose qui, évidemment, ne peut qu'attirer l'attention du psychanalyste. Où est passé l'affect, le sentiment à partir duquel il a élaboré son devenir ? Quelle pensée expulse-t-il en réprimant son sentiment ?

Si on prend les choses dans ce sens, la question devient : pourquoi nous le raconte-t-il ? Quel est donc son but politique dans cette affaire ? Il est de susciter une identification. Le président du Front national cherche à ce qu'un maximum de gens s'identifient à ce qu'il est en train de raconter. Mais s'identifient à quelle partie de son discours ? Est-il en train de proposer une identification à l'enfant qu'il était, ou une identification au mode de gouvernement qu'était celui de son père ? Je crois que, à son insu, il est en train de proposer les deux.

On le voit très bien, par exemple, dans la promotion qu'il fait, et qu'analysent très bien Jouve et

Magoudi, de Jeanne d'Arc. Jeanne d'Arc, c'est la pureté, la virginité. Il est identifié à elle. Il fait des mises en scène extraordinaires où, d'un côté, il y a Jeanne d'Arc, de l'autre, lui. Magoudi va jusqu'à parler à ce moment-là de sa féminité. Mais je la crois moins importante en ce point que la *pureté.*

Jeanne d'Arc est une représentation d'une pureté mythique de l'enfant d'avant la chute. Il se la propose comme idéal. Et en même temps, Jeanne d'Arc, c'est le soldat, qui jette l'immonde Anglais hors de France : c'est donc la passerelle vers la glorification de la punition.

Jeanne d'Arc représente assez bien la folie de Jean-Marie Le Pen, l'association dans un même personnage de la pureté et du pouvoir de tuer.

Ce qui m'amène à faire l'hypothèse suivante : Le Pen propose de s'identifier à ce formidable pouvoir de tuer, mais il propose en même temps qu'on s'y identifie à la condition qu'il monopolise, lui, le pouvoir de tuer. C'est dire que Jeanne d'Arc, c'est lui, pas les autres, à qui il propose de ne s'identifier qu'imaginairement, en somme ; mais lui seul garde la possibilité de pouvoir en disposer. Politiquement, pourquoi est-ce intéressant ? Parce que dans cette histoire, à son insu, nous pouvons presque lire son programme de gouvernement, où derrière le désir de purification est caché le désir de répression. C'est-à-dire qu'il n'a qu'une envie, faire à d'autres ce qu'on lui a fait. Or, ce que la psychanalyse nous enseigne, c'est que si un tel processus est dû à un traumatisme, si c'est parce que, plutôt que de haïr son père, il a préféré s'identifier à lui, et si c'est à cause de cela que son désir est un désir de répression, on peut alors penser qu'il ne sera jamais rassasié.

Quand il aura exercé cette répression sur les Arabes, et qu'il n'y aura plus d'Arabes en France, on peut s'imaginer qu'il continuera avec les Sri-Lankais, qui ne lui suffiront pas davantage, et qu'il faudra alors s'en prendre aux juifs, puis aux Tziganes, etc. Parce que, précisément, à la place de l'élaboration symbolique, Le Pen a substitué le passage à l'acte. Et ce qui est tout à fait indicatif de ce trait, c'est qu'il se débrouille toujours, dans son parcours politique, pour, d'un côté, laisser dire qu'il a effectivement le pouvoir de tuer, et de l'autre faire procès sur procès à toute personne qui le prétendrait, de telle manière que ceux qui en douteraient encore, qui pourraient encore ignorer que Jean-Marie Le Pen, par exemple, a torturé en Algérie, du fait de la publicité donnée aux procès, ne l'ignorent plus.

Et il en est très précisément en ce point. Ce qu'il nous promet, c'est donc d'occuper cette place. Et quoi qu'il puisse dire par ailleurs sur son sentiment démocratique, sur le fait, par exemple, que les médias pourraient donner plus souvent la parole au Front national parce que c'est un tampon qui permet d'éviter certains débordements — tout cela n'est pas convaincant.

Car on peut déduire de l'analyse que je viens de faire ceci : il est ce qu'il y a de pire. Et c'est d'ailleurs ce qui fait que ceux qui, *a priori*, apparaissent comme pire que lui, la frange extrême droitière de l'extrême droite, reconnaissent en lui un chef. Ils ont raison.

La perversion à laquelle on a affaire ici est une perversion du sens de la moralité. En effet, dans la non-appréhension de l'écart entre la faute et la sanction, une perversion morale s'institue, et c'est une perversion de la personnalité, au sens où ce clivage permet à la main droite d'ignorer ce que fait la main gauche et de pouvoir jouer constamment sur les deux tableaux. Ça va assez loin, puisque les conséquences engagent la manière même de parler, particulièrement significative chez Le Pen. Il dit, à juste titre, que pour pouvoir parler avec lui, il faudrait avoir constamment un dictionnaire en main, car il joue tout le temps sur les limites des mots et leur sens, il est toujours en train de faire dériver les mots vers un sens approximatif, vague, ou au contraire il les reprécise ou donne l'impression de le faire, mais à un endroit où il y a une convention tacite de laisser cette signification dans le vague.

Prenons un exemple. Quand il joue sur la notion de « détail », le fameux détail : comme on lui fait le reproche d'avoir dit que les chambres à gaz n'étaient qu'un détail dans l'histoire de la Seconde Guerre mondiale, il nous ressort le dictionnaire : Ah non ! mais attention, un détail est quelque chose de très important, voyez le Petit Robert ou le Larousse. Mais si on avait abordé avec lui la question autrement, il nous aurait confronté à une autre définition du mot. Constamment, il remet en question le sens commun. Ce qui fait qu'il peut se permettre de jouer avec les patronymes — le fameux jeu de mots « Durafour crématoire », et tant d'autres. Parce qu'il n'a strictement aucun respect des conventions avec lesquelles les personnes parlent, et notamment celle qui dit que le nom propre de chacun est quelque chose qui reste sans signification. En rompant avec ce code du bien parler, il ravale toujours la dimension du signifiant, il l'évacue, au profit d'un signifié, d'une signification approximative.

Bien évidemment, on peut imaginer que s'il se livre à de telles exactions sur la langue, qui est l'institution même, tout son rapport aux institutions en général subira le même sort. Et quand je dis les institutions, c'est aussi bien la justice que le parlement, le gouvernement, ou les acquis sociaux. En s'attaquant comme il le fait à la langue, en torturant la langue, il témoigne précisément du rapport qu'il a à la réalité, et comment il est capable de distordre la réalité pour qu'elle corresponde à ses aspirations, ou en tout cas à ses désirs...

Son goût pour les procès va d'ailleurs dans le même sens. Pourquoi est-il aussi procédurier ? Parce qu'il est capable, comme tous les pervers, d'utiliser les armes de la démocratie contre la démocratie elle-même. Il est procédurier parce qu'il sait comment s'introduire précisément dans la faille de la démocratie, au point où celle-ci, dans ses lois, forcément, n'est pas en totale conformité à la réalité qu'elle protège. La démocratie n'est pas un système idéal, justement. C'est le pire des systèmes, bien que ce soit le meilleur, comme on dit. Mais il a des failles.

Ainsi, dans le cadre de la procédure, que s'est-il passé depuis 1981 ? Mitterrand a fait voter une loi d'amnistie pour tous les crimes commis en Algérie.

Aussitôt, Jean-Marie Le Pen déclare dans une interview qu'il n'est pas concerné par cette amnistie, puisque celle-ci consiste à ne plus parler des jugements déjà prononcés. Or, ce n'est pas vrai. L'amnistie consiste à ne plus faire mention des exactions et des transgressions qui ont été commises, pas des jugements. Il joue là-dessus. D'un côté, il dit qu'il n'est pas concerné par l'amnistie, et d'un autre côté que toute personne qui mentionnerait ses crimes en Algérie, et notamment la torture, serait passible des tribunaux. Chemin faisant, il montre bien par cela qu'il y a effectivement, dans cette amnistie, quelque chose de trouble. Et il le montre à un moment où nul n'est encore capable — et là est d'ailleurs souvent la grande force des pervers —, et pas plus lui que nous, de décrypter le sens réel de cette amnistie.

Ce n'est qu'aujourd'hui qu'on peut commencer à comprendre ce que cette amnistie avait de politiquement « limite », comme on dirait aujourd'hui, de douloureux, de douteux. En fait, Le Pen vient s'inscrire précisément au point de contradiction : que ce soient les socialistes qui fassent voter, dès le début de leur mandat, une loi qui amnistie l'OAS et ses généraux est quelque chose de tellement invraisemblable que vous pouvez être sûrs que tous les pervers de France et de Navarre auront saisi là l'occasion de pointer le défaut de la cuirasse de la démocratie. C'est-à-dire son point faible.

Quand on sait que Mitterrand a voulu ainsi prouver son souci de l'unité nationale, il n'est pas étonnant que ce soit précisément un être profondément dédoublé, mais qui n'en sait rien, qui ait mis le doigt là où il fallait.

Il y aurait encore beaucoup à dire sur Le Pen et la justice. Mais revenons du côté du langage. Il est effectivement un maître de la langue : c'est un orateur formidable. J'évoquais cette question un peu plus haut : qu'est-ce qu'un orateur comme Jean-Marie Le Pen ?

Il a un côté un peu archaïque dans son expression orale, il fait un peu IIIe République, disons années 30. De quoi s'agit-il dans cet art oratoire ? D'emporter la conviction. Pour cela, tout est bon. Il parle par exemple à des foules, dont on peut supposer que les trois quarts ne comprennent rien à ses allusions littéraires : il leur parle de grands textes, de grandes figures de l'histoire de France, etc., qu'ils ne connaissent pas. Généralement, il en parle plutôt bien : sa culture est solide, il se trompe rarement dans ses citations. Mais quel est le but à atteindre ? Hormis le fait qu'il s'agit de jeter de la poudre aux yeux, c'est-à-dire de séduire en se présentant — on dirait aujourd'hui, dans le registre analytique, comme un *sujet supposé savoir* — comme quelqu'un qui aurait à en remontrer à ceux qui prétendent savoir, quelqu'un qui peut jouer dans la cour des grands, qui n'est pas en reste par rapport à eux, par rapport à un Mitterrand si littéraire, par exemple, ou à des personnages comme Chirac, qui se targue de s'intéresser à l'art, à la poésie, entre autres. Il est donc à la hauteur : au moins d'un côté, il se présente tel.

Mais d'un autre côté, ces discours pendant lesquels il fait un usage — certains ont dit diabolique — de la langue française, à quoi servent-ils ? Quelles sont leurs fonctions ? Pour essayer de comprendre, j'ai été obligé de relire quelques pages de *Mein Kampf*. Hitler parle en effet de l'art oratoire à propos de la supériorité, pour l'homme politique, de la parole sur l'écrit. Il affirme que l'homme qui parle aux foules sera toujours politiquement gagnant par rapport à celui qui écrit. Et il donne comme exemple les bolcheviks, de qui il s'est inspiré dans ses diatribes. Hitler explique qu'il en est ainsi parce que celui qui parle contrôle ceux qui l'écoutent. Il les contrôle parce que, au fur et à mesure du déroulement de sa parole, il perçoit les moindres nuances d'acceptation ou de refus de ce qu'il dit. Il peut donc orienter son discours en fonction de ce qu'il perçoit. En gros : on lui sert la soupe. Que signifie tout cela ? Qu'il se fait objet, l'objet idéal du désir de la foule à laquelle il s'adresse. Moyennant quoi, la foule n'a plus qu'à se reconnaître dans ce qu'il est en train de dire.

Le fait de maîtriser parfaitement le français, et de le servir avec une telle splendeur, même si c'est un peu désuet — mais le côté désuet va bien avec le fond de nostalgie du discours —, donne un aspect brillant à l'objet qui est proposé à l'identification des foules. Cette maîtrise de la langue est le côté « doré à l'or fin » du discours excrémentiel qu'il est en train de servir. C'est ce qui produit sa fascination, en fait.

Il arrive ainsi à faire passer pour un éclat de diamant ce qui est un déchet fétide.

Cette capacité à s'exprimer d'une façon aussi rhétorique comporte, dans la forme, son fond. En effet, quelle est la véritable forme du discours de Le Pen ? C'est l'invective, les associations de mots façon Vermot, l'à-peu-près, l'amalgame, le retournement du désir de l'autre contre lui-même, toutes les figures classiques de la rhétorique. Il est peut-être temps de poser la question : où a-t-il acquis une telle maîtrise ? Il suffit de le lire, il n'en fait pas mystère. Il l'a acquise là où on apprend à séduire les gens avec des discours, c'est-à-dire au collège des jésuites, ni plus ni moins ! Il y a appris comment tenir des discours dont la beauté formelle l'emporte sur le fond. L'apprentissage commence à l'âge de onze ans, donc vraisemblablement deux ans après l'épisode du vol : « Mon père a voulu me mettre dans le collège des jésuites de Vannes. Ce collège, où l'on portait l'habit à la française, c'est-à-dire l'habit à revers boutonnés, avait une très grande réputation, à la fois d'excellence dans ses résultats aux examens, mais aussi dans sa discipline, sa formation intellectuelle, morale et sportive. C'était un collège qui utilisait les méthodes d'éducation du temps passé. »

A ce point, je ferais même l'hypothèse suivante : la culture de Jean-Marie Le Pen est tout entière puisée dans ce qu'il a retenu de ses années de collège chez les jésuites. Et je pense que, depuis, il n'a pas lu grand-chose, mais qu'il est doté d'une formidable mémoire.

Heureusement, nous aussi.

Voilà sans doute ce que l'on peut dire de l'incidence, purement hypothétique, évidemment, d'un traumatisme qui n'a pas été élaboré ou, pour le dire en termes psychanalytiques, qui n'a pas été symbolisé. Que signifierait sa symbolisation ? Cela voudrait dire que, dans cette scène que Jean-Marie Le Pen a, de lui-même, sans qu'on la lui demande, racontée devant les représentants du pays, quelque chose de ce qui est ou a été sa subjectivité apparaît. Comme rien de ce qui a été sa subjectivité d'alors n'est dit — nous ne savons pas, par exemple, quel sens il a donné et quel sens il donnerait aujourd'hui à l'acte qui a eu pour conséquence la répression dont il a été l'objet —, comme nous ne savons pas non plus quels sentiments il a nourris à l'égard de son père au moment où il a été si sévèrement puni, comme nous ne savons pas non plus quel a été le destin à la fois de cet acte et de la répression dans l'adolescent qui s'est construit plus tard, puis dans l'homme d'âge mûr, alors nous pouvons dire qu'il n'y a pas eu de symbolisation. C'est-à-dire qu'il n'y a eu aucune mise en relation de l'homme Jean-Marie Le Pen avec la signification de l'acte pour lequel il a été puni, qui était effectivement la dernière chose à laquelle il pouvait s'intéresser du fait de la répression engagée.

Ainsi Jean-Marie Le Pen incarne-t-il dans la course à la présidence un type de personnage qui correspond effectivement à une part importante de la population. Il incarne dans l'identification tous ceux dont les actes, quand ils ont été enfants, n'ont pas été entendus comme des manières de dire, mais comme des manières de trahir ou de tromper la morale. Il suscite l'identification de tous ceux qui ont adhéré à la destruction de leur moi. Car dans l'épisode que nous avons décrit, il s'agit ni plus ni moins que de l'éclatement du moi, c'est-à-dire d'un événement que le moi n'a pas pu intégrer, et qui, plutôt que de favoriser l'éclatement de celui qui a été l'agent de la répression, a favorisé l'éclatement du moi de la victime.

Et à la place du moi qui a éclaté, Jean-Marie Le Pen, comme tous ceux à qui il propose une identification, a logé le discours extrémiste qui est le sien, le discours de la France extrême. C'est-à-dire un discours dont la principale caractéristique est d'apparaître de prime abord anarchiste, avant de se révéler un discours répressif, ce qui va bien ensemble, puisque l'anarchie de Jean-Marie Le Pen est un appel à la sanction. Or, s'il y a un appel continu à la sanction chez cet homme, c'est justement du fait de ce défaut de symbolisation. L'appel à la sanction se serait dissout si le sujet pouvait se reconnaître dans l'acte qu'il a énoncé.

C'est pourquoi on peut se risquer à interpréter, par exemple, le côté procédurier de Jean-Marie Le Pen comme un appel constant à ce que le procès qui n'a pas eu lieu à ce moment-là, et au cours duquel il aurait pu dire ses raisons, ait enfin lieu, qu'il soit enfin jugé. Là où il y a eu un déni de justice à son endroit, il se met, finalement, toujours en position d'être jugé. Mais la vraie question reste : pourquoi volait-il ? que signifiait cet acte ?

Dans un de ses textes, Winnicott fait l'hypothèse selon laquelle l'enfant qui vole a perdu le contact avec sa mère. Inutile de dire qu'on ne sait pas si ça s'applique à Jean-Marie Le Pen. Mais ce qu'on peut constater, c'est que sa mère est le grand absent de tout ce qu'il raconte, sauf au moment où elle s'interpose. Au moins par défaut, de façon discursive, il est clair qu'il a perdu le contact avec sa mère. Qu'allait-il rechercher dans ce vol, ce vol d'une douceur — un gâteau —, que cherchait-il à dire, à faire savoir ? Nous ne le saurons jamais. Et au fond, ça nous intéresse très peu.

Ce qui nous motive est la conséquence de cet épisode sur le devenir politique du président du Front national et la place qu'il va occuper. Or, tout en proposant une place qui semble être celle de l'ordre, il va justement occuper celle du désordre par excès d'ordre.

Maimonide, le grand penseur juif du XIe siècle, disait qu'ôter quelque chose à la loi est aussi grave que de lui ajouter quelque chose. Ce qu'il laissait entendre par là, ce qu'il préfigurait, c'est qu'il y a un écart entre la loi et le surmoi. Freud nous l'a d'ailleurs indiqué depuis l'origine de ses recherches sur ce sujet : ce qui caractérise le surmoi, à la différence de la loi, c'est qu'il n'est jamais satisfait. Et que plus on le satisfait, plus on cède à ses injonctions, plus il réclame, plus il en demande. On peut l'observer par exemple chez les intégristes : à savoir que, précisément, ils sont intégristes parce qu'ils ne sont plus dans la loi mais dans le surmoi. Et plus ils appliquent ce qu'ils croient être la loi, plus de nouvelles lois, toujours plus nombreuses et contraignantes, leur semblent nécessaires.

François MITTERRAND

Mon beau navire, ô ma mémoire,
Avons-nous assez navigué
Dans une onde mauvaise à boire,
Avons-nous assez divagué,
De la belle aube au triste soir ?

Guillaume APOLLINAIRE,
La Chanson du mal-aimé.

Chien vivant vaut mieux que lion mort.

L'Ecclésiaste.

D'une certaine manière, François Mitterrand incarne l'antithèse de ce que nous venons de décrire. Lui, ce qui le caractérise, à mon sens, est précisément un certain rapport à la loi qui n'est pas surmoïque. C'est ce qui me ferait dire de François Mitterrand, après d'autres, que c'est notre prince florentin.

La principale caractéristique politique de François Mitterrand, dans tout son parcours — et Dieu sait que ce parcours compte et fait la une des journaux ces derniers temps —, c'est son amour, son respect, son attachement indéfectible aux institutions. Peut-être même le secret de son destin politique réside-t-il dans cette caractéristique. Sa conviction selon laquelle les institutions restent la seule médiation possible entre l'exécutif et les citoyens est l'antithèse du credo implicite de Jean-Marie Le Pen. Là où Le Pen ne voit entre lui et les citoyens comme seule médiation possible que la force, le débridement pulsionnel ou le discours idéologique extrême, François Mitterrand, lui, voit comme une médiation possible entre lui et ceux qui l'ont porté au pouvoir, son exercice des institutions. C'est-à-dire qu'à la place du moi, il loge les institutions. Là même où Le Pen met le discours, plus ou moins violent selon les circonstances. Or, rien n'est plus mobile que le discours, comme nous l'avons dit plus haut, pour s'adapter aux besoins du moment. François Mitterrand, lui, choisit comme localisation pour le moi une instance qui résiste précisément aux aléas de la séduction ou des moments historiques plus ou moins difficiles à intégrer dans une politique générale.

Là se trouve une des clefs qui permettraient de comprendre ce qu'il en est du parcours de François Mitterrand qui lui est aujourd'hui imputé de façon négative.

Avec ce personnage, nous allons parler, non pas d'un candidat à l'élection, mais de quelqu'un qui n'aura plus l'occasion de l'être, et nous pouvons en parler avec une certaine rétroactivité dont nous ne disposons pas pour les autres. Je me permets donc une hypothèse spécifique : si le cheminement de François Mitterrand semble tellement énigmatique, c'est parce que, au fond, il n'a rien d'énigmatique. Et c'est justement cette absence de mystère qui est paradoxalement le plus surprenant.

S'il a été maréchaliste — je dirais donc que c'est une des clés qui permettraient de comprendre éventuellement le fameux parcours, en sachant que nous ne disposons pas encore de toutes les données du problème —, c'est tout simplement parce que l'institution du moment était l'Etat français. Et il faut reconnaître à ce titre qu'il n'était pas, comme beaucoup l'ont fait remarquer le seul. Il y avait des juifs maréchalistes, qui pensaient que se soumettre de bon droit, sinon de bon cœur, aux lois édictées par l'Etat français de Vichy était du devoir d'un citoyen français. Inversement, tous les juifs n'ont pas accepté de porter l'étoile jaune. Nombreux sont ceux qui, d'emblée, ont exercé une forme de résistance, à leur niveau, en refusant par exemple de se déclarer comme juifs, et en faisant en sorte, très rapidement, d'avoir des faux papiers. Quant aux autres, ils étaient, d'une certaine manière, légalistes.

J'estime que François Mitterrand, de cette même manière, est un homme d'Etat légaliste. Il a cru, à un moment donné, que l'institution était l'Etat français. Il y a cru, je fais cette hypothèse. De même qu'il a cru, en acceptant en 1945 d'entrer dans le premier gouvernement gaulliste, qu'à ce moment-là l'Etat restauré sous la forme de la IVe République était le pouvoir légal. Il l'a cru comme tout le monde. De même encore que, tout en contestant la manière dont de Gaulle usait des pouvoirs que lui conférait la Ve République, il n'a jamais contesté en acte la légitimité de cette

Constitution. Il s'est contenté de ne pas voter ce que l'on pourrait appeler les pleins pouvoirs à de Gaulle ; mais, une fois que de Gaulle avait ces pleins pouvoirs, il n'a commis aucun acte qui soit légalement répréhensible à l'encontre de la Constitution.

On ne peut imputer à François Mitterrand, des origines de son parcours jusqu'à la fin de son deuxième mandat présidentiel, aucun acte anticonstitutionnel. C'est tout à fait sidérant quand on pense qu'il est entré en politique depuis 1942 : plus de cinquante ans de politique, et aux plus hauts niveaux de l'Etat, en tant que ministre, ministre de l'Intérieur, ministre chargé de la Tunisie, de l'Algérie, en tant que chef de l'opposition, en tant que président de la République. Il n'a jamais commis un acte anticonstitutionnel parce que, pour lui, la Constitution et les institutions qui en découlent sont le meilleur et le seul garant possible de la société démocratique. Nous ne savons pas jusqu'à quel point il est convaincu que la démocratie est la meilleure société politique qu'on puisse espérer, mais il est fort probable que ses idées ont beaucoup évolué sur ce point.

Nous sommes obligés de constater que le pari qu'il a fait, et qu'il a tenu jusqu'au bout, est celui de la loi, ce qui en fait un homme d'Etat radicalement différent de ce que pourrait être un Jean-Marie Le Pen. Il se situe aux antipodes, ce qui n'enlève rien à la complexité du personnage.

Essayons de travailler cette complexité. Tout le monde, à partir du livre de Pierre Péan, *Une jeu-*

nesse française, fait mine de découvrir que Mitterrand a eu des liens avec la droite nationaliste d'avant-guerre, ou en tout cas fait mine de découvrir l'importance de ces liens. Pour sa défense, Mitterrand dit deux choses, qui auront frappé les oreilles averties. La première est qu'il venait d'un milieu dans lequel ces idées étaient largement répandues. La deuxième est que, après tout, le parcours qui a été le sien lui paraît préférable à celui qui se serait fait en sens inverse. Essayons d'analyser la signification que pourraient avoir ces deux arguments.

Dans le premier, en somme, François Mitterrand nous dit que, au moins jusqu'à un certain moment de sa vie, on est ce que notre milieu nous fait être. S'il a raison, et si cet argument lui paraît valable pour expliquer qui il est, il donne du grain à moudre pour plusieurs générations aux avocats pénalistes qui pourront expliquer, dorénavant, alors qu'ils ne le faisaient presque plus parce que ça devenait risible devant les tribunaux, ce qu'a été la destinée de n'importe quel loubard de banlieue justement par le milieu social dans lequel il a été élevé.

Si l'argument vaut pour le président de la République, on pourra imaginer que, dans les prétoires, il gardera du poids pour n'importe quel délinquant qui passe en jugement. Ce plaidoyer pro domo est donc à double tranchant. Chacun sait, d'autres observateurs s'en sont aperçus, qu'il est faible, dans la mesure où, précisément, des gens qui ont été élevés dans le même milieu que lui — de Gaulle, nommément —, ou dans un milieu similaire, n'ont pas attendu 1942 pour s'aviser du fait qu'il y avait lieu de résister. Ou en tout cas de ne pas appartenir à des mouvements plus ou moins xénophobes.

Mais prenons néanmoins en considération cet argument. Car, de fait, il concerne non seulement François Mitterrand, mais aussi la plupart des hommes politiques d'aujourd'hui qui, à quelques exceptions près, sortent ou ont été élevés dans ce milieu droitier. Mais il ne concerne pas que les hommes politiques. Et si je me sens tout particulièrement touché par la défense de François Mitterrand quand il invoque son milieu d'origine, et l'éducation qu'il a reçue — et qui, remarquons-le, est également une éducation catholique : les bons pères doivent être à la fête en constatant à quel point leur éducation a créé des vocations pour la direction de l'Etat laïc —, c'est parce qu'il concerne aussi quelqu'un comme Jacques Lacan.

Jacques Lacan, les lecteurs sont peut-être étonnés de le voir surgir à cet endroit de notre problématique, est aussi quelqu'un qui a été élevé dans une famille de droite, catholique, nationaliste très probablement, qui ressemble en de nombreux points à ce qui a été l'univers de la jeunesse de François Mitterrand. Et comme Mitterrand, il a ceci de caractéristique que, bien qu'il n'ait jamais hésité à pousser des coups de gueule quand ça lui paraissait nécessaire, il n'a pas résisté non plus, il n'a pas cru devoir s'engager dans la lutte contre les nazis. Il était pourtant déjà psychanalyste, et un psychiatre reconnu. Il n'a pas résisté, sauf pour des motifs très privés. C'est d'ailleurs ce qui les caractérise encore l'un et l'autre : de même que François

Mitterrand a pu aider Marguerite Duras et ses compagnons, de même Jacques Lacan s'est-il préoccupé de sa famille immédiate, mais n'a pas pris fait et cause sur la question juive, et a même attendu assez longtemps pour s'exprimer publiquement sur cette question.

Des études qui ne sont pas encore réalisées, mais qui mériteraient de l'être, montreraient que l'influence d'auteurs comme Léon Bloy, Maurice Barrès, ceux que la presse a cités comme constitutifs du fonds de la bibliothèque de François Mitterrand, Drieu La Rochelle par exemple, que tous ces auteurs ont eu, sur des caractères aussi forts que François Mitterrand ou Jacques Lacan, une influence durable. Et que la clé de leurs rapports à la chose publique — je ne dirai pas à l'inconscient dans le cas de Jacques Lacan — se trouve dans l'idéologie que des écrivains comme Léon Bloy, notamment, l'auteur qu'on oublie le plus souvent de citer quand on recense cette bibliothèque droitière idéale, ont largement véhiculée. Leurs textes sont absolument déterminants, et il y a lieu d'y retourner, d'aller les relire. Je pense entre autres à un texte comme *Le Salut par les Juifs* de Léon Bloy. Cette influence particulière nous permet de relativiser, autant que faire se peut, l'engouement pour la démocratie du jeune Mitterrand.

Mais observons son parcours, puisque, avec ce personnage, c'est au parcours qu'on a affaire, et qu'il ne s'agit plus maintenant de se poser la question de savoir dans quel désir il veut nous entraîner, puisque c'est déjà fait.

Nous voyons se dessiner le cheminement d'un homme qui n'est pas quelqu'un dont le moi est divisé, scindé en deux, mais quelqu'un qui est au plus près de ce que l'on pourrait appeler, dans les termes de Lacan, la division du sujet. Il n'est pas coupé en deux dans sa personnalité, mais comme chacun d'entre nous, il est l'effet d'un rapport au réel, au langage, qui fait qu'il n'est pas identique à lui-même.

Sur le plan politique, cela donne un prince florentin, au sens de Machiavel, c'est-à-dire quelqu'un qui ne se croit pas missionné, quelqu'un qui ne s'identifie pas totalement à la fonction de président de la République. Il laisse et a toujours laissé un reste qui n'appartenait pas à la fonction présidentielle. Ainsi en va-t-il de son goût pour la littérature. Parce que François Mitterrand n'est pas un président qui se prend pour le Président. Et c'est en cela que, d'une certaine manière, on pourrait dire qu'on a eu la chance, pendant quatorze ans, de ne pas être gouverné par un fou. Il n'est pas fou. Mais ça ne l'empêche pas d'être divisé, c'est-à-dire d'avoir de temps en temps, voire d'une façon continue, des aspirations contradictoires, des incertitudes.

Le procès qu'on lui fait aujourd'hui consiste essentiellement à lui reprocher de ne pas avoir toujours su ce qu'il fallait faire. Mais ce qui est admirable dans l'homme, c'est qu'il fait l'aveu qu'effectivement il n'a pas toujours su. Ce qui est beaucoup moins admirable, c'est cette exigence qui tient à la fonction présidentielle, et donc au rôle qui a été le sien pendant quatorze ans, d'effacer les traces de cette division. Dans une large mesure, il est obligé de présenter comme continu un trajet qui est fait de ruptures et de discontinuités.

La fonction présidentielle contraint en effet celui qui l'occupe à faire croire à du *un*, et à du un indivisible : d'où, dans le discours de Mitterrand, cette insistance à parler de l'unité du peuple français. Ce refus, à partir du moment où il a été en poste de président de la République, d'accepter qu'une partie des Français se retrouve opposée ou jugée par une autre partie. Au prix, même, quelquefois, d'une formidable méprise. Mais cette tentation de faire que le un qui se divise en deux devienne, comme on disait de la dialectique maoïste, un deux qui se reforme en un, est le principe même du pouvoir de François Mitterrand, en tout cas de la manière dont il l'a exercé.

On pourra en donner de nombreux exemples. Quand il se présente comme le meilleur soutien que l'Etat d'Israël a jamais reçu d'un président de la République française, il n'a pas tort. C'est vrai que François Mitterrand a fait pour la politique de reconnaissance mutuelle entre la France et l'Etat d'Israël plus qu'aucun autre président. Remarquons d'ailleurs à ce sujet qu'il pourrait se flatter d'une certaine continuité, à l'envers de ce que je viens de dire : car peu de gens savent que François Mitterrand est celui qui, le premier, a annoncé la reconnaissance de l'Etat d'Israël par la France, en 1948. Il y a donc une certaine continuité. Mais, au même moment où il est le premier président de la

République française à se rendre en visite officielle en Israël, il sauve Arafat et les Palestiniens attaqués par l'Etat hébreu au Liban.

S'agit-il simplement de tenir la balance égale, et donc de se poser, un peu à la manière de Salomon ? Ou s'agit-il plutôt de faire entendre et de ne jamais perdre de vue la complexité humaine et la difficulté de tenir ensemble des choses contradictoires, qui sont le propre de *sa* condition ?

On le sait, François Mitterrand a eu effectivement à tenir ensemble des éléments de son parcours culturel et politique qui restent parfaitement contradictoires. Ainsi, comment a-t-il géré son passé droitier, disons-le, et même d'une certaine manière extrême droitier, et son idéologie de gauche qui s'est affirmée à partir de sa rencontre avec Pierre Mendès France ?

Le problème est complexe. Il en va de même avec son amitié et la question de sa fidélité à René Bousquet, car François Mitterrand se veut dans le même temps fidèle à la mémoire des victimes du même Bousquet : contradiction qui éclate aux yeux de tout le monde quand on sait qu'il a décidé de promouvoir un jour national de deuil pour les victimes du Vel' d'Hiv, tout en étant celui qui n'a pas cessé de fleurir la tombe du maréchal Pétain, au moins jusqu'à ce que le scandale éclate.

On sait qu'il se veut encore le garant des acquis sociaux, mais qu'au fond, on peut le constater au cours des deux dernières années, il ne se trouve pas en si mauvais termes avec ceux qui, précisément, luttent contre ces acquis sociaux — même si, de temps en temps, il fait savoir qu'il n'est pas content.

La gestion de ces contradictions n'est possible, n'est même pensable, qu'au prix d'un effacement constant de tout ce qui peut apparaître comme division de la société française, division qui le renverrait à la sienne propre. En réalité, et c'est ce qui est intéressant chez François Mitterrand, c'est qu'il nous enseigne qu'un homme politique, pour peu qu'il ne soit pas un dangereux extrémiste, travaille à la promotion du *un*. Exactement ce que démontre La Boétie dans son *Discours de la servitude volontaire* : faire du *un* avec son nom, le nom d'Un, telle est la préoccupation politique majeure de l'homme d'Etat. Faire qu'il y ait de l'un et réussir à créer l'illusion qu'il y a de l'un là où il y a de la division, voilà la condition à partir de laquelle l'ensemble des personnes concernées par ce un vont se reconnaître en lui et accepteront volontairement leur servitude. Et, de ce point de vue-là, on pourra remarquer que François Mitterrand a, certes, défendu un certain nombre d'acquis sociaux ; mais que, au regard d'un règne de quatorze ans, ces derniers sont loin d'être à la hauteur de ce qu'on aurait pu espérer d'un président socialiste. Pourquoi ? Tout simplement parce que s'il avait fait plus, et il avait commencé par vouloir aller plus loin en mettant Pierre Mauroy à la tête du premier gouvernement, toute la société française s'en serait trouvée fissurée.

Restent des lignes de force, des désirs, qui perdurent au-delà des aléas historiques et politiques.

Chez François Mitterrand, on peut aussi relever une constante manifeste dans chaque moment de son parcours politique, et qui rejoint ce que nous disions sur le un et sur la fonction du un. Cette constante est la haine, absolument indéfectible, des communistes.

Du début à la fin de sa carrière, même si aujourd'hui il n'a plus tellement l'occasion de l'exprimer et pour cause, puisque d'une certaine manière il a éliminé ce qu'il voulait éliminer, s'il y a quelque chose qui, chez lui, n'a pas varié des années 30 aux années 90, c'est bien son désir de détruire le communisme.

Par exemple, le fait qu'il se soit opposé à la guerre d'Indochine au motif que les combats mobilisaient des forces dont on avait besoin pour lutter contre les communistes en Métropole pourrait aujourd'hui être compris comme le geste d'un réactionnaire. A cette époque, l'actuel chef de l'Etat était dans la continuité de l'homme de droite qu'il était avant la guerre. Ce qui éclairerait alors son passé maréchaliste : François Mitterrand partageait au moins avec Philippe Pétain cette haine des communistes. On pourrait donc considérer que son argument, utilisé à la tribune de l'Assemblée nationale, contre la guerre en Indochine était un argument typiquement réactionnaire. Mais ce serait faire l'économie d'une remise en perspective de l'Histoire. Aujourd'hui, nous pourrions dire qu'au fond, il nous a évité de voir la France devenir une sorte de pays de l'Est. Car il faut se remettre dans le contexte de l'époque. Si seule la droite traditionnelle avait été anticommuniste, rien ne nous empêche aujourd'hui de penser qu'elle n'aurait pas tout simplement été laminée, et que les communistes auraient pris le pouvoir — si toutefois les Américains ne s'y étaient pas opposés —, exactement comme il l'ont fait en Tchécoslovaquie.

On peut donc se dire que cette idée d'un Mitterrand réactionnaire, parce que anticommuniste, est aujourd'hui, à la lumière de ce qui s'est passé au cours des quarante ou cinquante dernières années dans les pays de l'Est, un argument ambigu. Mais cette vision des choses relève de la politologie distinguée. La question qui se pose au psychanalyste est bien plutôt de savoir quelle est cette haine du communisme. D'où vient-elle ? De quoi s'agit-il ?

Le communisme est lui-même, peu ou prou, la haine des possédants. Et là, effectivement, Mitterrand rejoint sa famille d'origine. Là, quelque chose du personnage, élevé dans une famille catholique et réactionnaire, réapparaît — parce que ce dont il est question, c'est bien du rapport à l'objet, à la possession, du rapport, comme le souligne toute la dialectique marxiste, aux outils de production. Qu'est-ce qui est en jeu ? Ce n'est pas tant la haine de François Mitterrand pour les communistes agissants, comme nous avons vu que Jean-Marie Le Pen avait lui aussi tiré de son enfance une haine des communistes, qui lui paraissaient être d'insignes fainéants, qu'une haine pour l'idéologie communiste elle-même, pour le discours communiste. C'est-à-dire une haine pour ce qu'il y a peut-être de moins contestable dans le marxisme.

Car si le communisme est contestable, ce n'est pas au niveau de son discours, mais de son agir, de ses actes. Le discours, au fond, dit quoi ? Quelque chose qui doit apparaître à François Mitterrand comme totalement insupportable : nous sommes tous égaux, le reste est une affaire de hasard de la naissance. Donc le discours communiste reprend ni plus ni moins ce que dit le président de la République pour sa propre défense. Dans cette haine de François Mitterrand pour le communisme, dans ce désir d'en finir avec lui, il y a quelque chose qui voudrait en finir avec ce qui est en lui, et qui est précisément cette tendance à croire au déterminisme de la naissance.

On pourrait se demander pourquoi un psychanalyste vient là s'élever contre la croyance au déterminisme de la naissance... Précisément parce qu'elle est l'envers du discours psychanalytique, qui affirme que l'inconscient, quelles que soient les formes qu'on lui a données dans l'histoire, n'est pas une instance de la psyché inventée par Freud pour déresponsabiliser l'homme. Bien au contraire, l'homme n'est pas seulement responsable de son conscient, il est aussi responsable de son inconscient. Jacques Lacan avait à ce propos une formule tout à fait épatante. Il disait : « L'erreur de bonne foi est, de toutes, la plus impardonnable. » Et l'erreur de bonne foi à laquelle Mitterrand nous renvoie sans cesse est certainement ce qui, dans son parcours, aura été le plus impardonnable. Parce que cette erreur l'a amené, précisément, à se considérer comme déterminé là où la psychanalyse nous enseigne qu'il n'y a pas de causalité psychique, que la seule causalité qui existe est celle d'une éthique du sujet, c'est-à-dire d'une responsabilité du sujet face à ses actes.

Ainsi, tout ce que François Mitterrand nous dit sur sa relation avec Bousquet, et surtout ce qu'il ne nous dit pas — car il y a visiblement des choses qu'il ne nous dit pas —, n'excuse-t-il pas la responsabilité éthique qu'il a prise en continuant, étant président de la République, à fréquenter le principal responsable de la déportation des juifs dans la rafle du Vel' d'Hiv. Mais cela n'explique pas davantage qu'il ait fait plus, d'une certaine manière : qu'il ait par exemple manipulé Jacques Attali en le faisant asseoir à la même table que celui qui aurait pu être le persécuteur de sa famille, voire son propre persécuteur, et sans lui dire avec qui il le faisait dîner...

Où l'on retrouve à la fois la passion du *un* — faire s'asseoir à la même table la victime et le bourreau — et l'irresponsabilité froide et florentine de ces actes.

Pour mieux cerner encore son rôle à la tête de — j'allais dire « l'Etat français » — la République française pendant ces quatorze dernières années, je m'appuierai, premièrement, sur les sentiments éventuellement contradictoires qu'il suscite en moi, et deuxièmement, sur un point de théorie freudienne déjà ébauché dans l'introduction, et qu'il convient de compléter un peu, parce que la complexité du personnage nous oblige à entrer dans un certain nombre de nuances.

Et tout d'abord, ce point de vue qu'on pourrait rapidement qualifier de sentimental, mais qui va nous permettre de voir que le sentiment n'est pas toujours le sentimental : il est plutôt ce qui permet, à partir de ce que le mental a senti, d'arriver au signifiant, c'est-à-dire aux pensées qu'il suscite dans l'inconscient.

François Mitterrand, depuis toujours, je veux dire depuis que j'ai été amené à être confronté à ce personnage de façon consciente, a toujours provoqué en moi le sentiment d'une division. Ce que j'éprouve à son égard, c'est que, justement, je ne sais pas ce que j'éprouve. Pour le dire autrement, François Mitterrand est quelqu'un que j'aime bien, dont j'apprécie les idées, pour autant que je n'ai ni à le voir ni à l'entendre les exposer. Dès que je le vois, ou dès que je l'entends, ça n'est pas la même chose quand je le lis, il provoque en moi un malaise certain. Pour faire court : moins je le vois, moins je l'entends, et plus je l'aime ; plus je le vois, plus je l'entends, et plus il m'agace.

C'est un peu ce qui se produit dans la plupart des couples. Non que j'imagine de faire couple en quoi que ce soit avec François Mitterrand ; mais il est manifeste que le président de la République fait couple, à notre insu, avec chaque citoyen — qu'il ait ou non voté pour lui, d'ailleurs. Pourquoi ? Parce que, précisément, il représente tout ou partie de nos idéaux, donc tout ou partie de nous-mêmes.

Comment peut-on remonter de cette césure, cette coupure qu'il provoque en moi, à ce qui serait son personnage ? Est-ce que je dois imputer simplement à ma personnalité le fait de réagir comme cela à la sienne, ou est-ce que mon psychisme réagit à quelque chose qui, chez François Mitterrand, apparaît comme sinon divisé, en tout cas double ?

Je crois que, sans entrer dans des considérations qui seraient par trop personnelles, François Mitterrand a effectivement une expression du visage et une élocution qui ne confirment pas ce qu'il dit. De sorte qu'il déchaîne à la fois les passions, et, d'une certaine façon, ce qui, en nous, a goût pour le mystère, le mystérieux, l'énigmatique. L'énigme de François Mitterrand, la voilà : comment est-il possible de se faire le héraut de l'idéologie qu'il soutient en empruntant un visage à ce point impérieux, figé, et si dénué de la vie qu'il prétend insuffler ? Ce visage, qui se présente sous les traits d'une statuaire, la plus figée qu'on puisse imaginer, traduit une froideur dont le livre de Pierre Péan nous apprend qu'elle n'est pas insue de François Mitterrand lui-même, puisqu'il se la reproche. Mais qu'il se la reproche ne suffira pas à faire que le psychanalyste s'interdise de penser qu'elle est réelle. C'est comme ces gens qui battent leur coulpe en disant : « J'ai tel ou tel défaut », simplement pour que vous démentiez la chose.

La plupart du temps, il est plus judicieux de leur accorder qu'il en va bien ainsi. Dans le cas de François Mitterrand, bien que conscient de cette froideur, il ne l'accepte pas comme telle, il n'est pas, à son égard, d'un parfait cynisme, ce qui aurait fait de lui un véritable homme politique de droite, de la droite la plus traditionnelle, c'est-à-dire un homme n'entrant en politique que pour gérer ses intérêts, dans ce qu'ils ont de plus froid précisément, donc pas un homme d'extrême droite. Au contraire de ce cynisme que l'on peut repérer chez d'autres personnages de sa famille d'origine, François Mitterrand lutte contre sa froideur. Ce qui fait l'intérêt du personnage, et qui montre qu'il n'y a nul hasard à ce qu'il ait pu tenir les rênes de l'Etat pendant quatorze ans, c'est qu'au fond il incarne le contraire de celui que chacun d'entre nous essaie d'être habituellement. Toute personne qui veut s'engager dans un certain type de combat politique, ou un combat professionnel, a vite fait de s'apercevoir que ce qui lui nuit, en général, est son rapport sentimental, affectif au monde : ce qu'il s'interdit de faire, au nom des sentiments qu'il éprouve, ou ce qu'il fait parce qu'il est poussé par ses sentiments plus que par sa raison.

François Mitterrand nous donne l'impression d'être quelqu'un qui marcherait à l'envers : il se saurait d'une très grande froideur, celle de la froide raison, mais il lutterait contre ça. C'est en tout cas ce dont il veut nous persuader. Mais qu'il ait envie de nous en persuader suscite déjà notre attention. Parce que la question que l'on peut se poser est de savoir si cette froideur qui, à la télévision, passe pour tout à fait réfrigérante, il est possible, par les armes qui sont les siennes, celles de la raison, de la faire quelque peu fondre.

La question devient tout à fait intéressante : quels moyens François Mitterrand s'est-il donnés pour ne pas se soumettre à ce qu'il ressent en lui, à tort ou à raison, comme absence de passion, de violence passionnelle, capable de l'orienter dans des choix auxquels il pourrait adhérer, sans aussitôt en éprouver le sentiment qu'il est en contradiction avec lui-même ?

Si on ne tient pas compte de cet élément, qui me paraît le cœur même de ce qui permet d'expliquer sa démarche politique, on ne comprendra pas pourquoi, précisément, nous sommes dans l'incapacité, dès que nous réfléchissons sur son trajet, de décider si c'est un homme de gauche ou de droite. Mais si nous sommes dans cette incapacité, c'est parce qu'il n'est ni un homme de gauche, ni un homme de droite — ce qui n'en fait d'ailleurs pas pour autant un homme du centre, car ce n'est pas quelqu'un qui est sans idées, sans opinions. Il incarne à la fois le combat de la gauche et de la droite, dans ce que la gauche signifie de dimension du progrès et la droite d'héritage du passé ; et en même temps, il incarne aussi la gauche et la droite de façon conflictuelle, en ce que la gauche peut représenter, d'une façon certes arbitraire mais néanmoins partagée par le sens commun, de l'ordre du généreux, de l'affectif, et la droite du patrimoine et de la gestion des biens.

François Mitterrand, à cet égard, il ne sera jamais assez important de le souligner, n'est ni un homme de gauche ni un homme de droite, et cela permet de poser la question suivante : au fond, est-il dénué de sentimentalité, de cette sentimentalité qui, lorsqu'on y est soumis, vous empêche de faire de la politique ? Est-il froid, parce qu'il est un homme sans idéal ?

Ceci nous amène à un deuxième temps de notre réflexion, qui, j'espère, va nous permettre d'approfondir notre recherche, et se formule par une deuxième question essentielle : qu'est-ce qu'un idéal ? Peut-on dire que, de ce point de vue, François Mitterrand aurait été un personnage qui, manifestement, ne s'est soumis à aucun idéal ?

Dans la théorie analytique, dans la métapsychologie freudienne, qui représente donc l'appareil psychique comme séparé en trois instances, le ça, le moi et le surmoi, Freud est amené à élaborer un surmoi lui-même scindé en deux : avec une face répressive, qu'il va continuer à appeler surmoïque et qui est l'héritage des interdits parentaux une fois intégrés par le sujet, et une autre phase, qu'il appelle idéal du moi, et qui est l'exigence à laquelle le sujet se soumet, de façon tout à fait inconsciente, et qui le pousse à agir sans même qu'il le sache.

L'idéal du moi, cette part de nous-mêmes qui nous pousse à l'action, doit être suffisamment proche du moi pour que le sujet ne soit pas désarmé à l'avance à l'idée de ne pas pouvoir l'atteindre. Mais il doit rester suffisamment lointain pour ne pas l'atteindre trop vite et se retrouver sans aucun but dans l'existence.

Cliniquement, ce que je suis en train de dire n'est pas aberrant ; il m'est arrivé de recevoir des gens dont la plainte s'exprimait en ces termes : « A tel ou tel âge, je m'étais donné tel but dans l'existence ; et j'ai aujourd'hui tel âge, j'ai accompli tout ce que je m'étais promis d'accomplir ; maintenant, qu'est-ce que je fais ? » Un tel constat peut pousser, tout simplement, à la mélancolie, voire au suicide. En général, dans pareil cas, l'idéal du moi s'incarne dans un autre : c'est ce qui fait que nous sommes tous, peu ou prou, portés à avoir de l'admiration. C'est-à-dire à idéaliser, justement, des individus qui ne sont que des individus, à leur faire supporter certains traits que nous leur prêtons, que nous aimerions posséder et que nous savons ou croyons ne pas posséder.

Ce qui est frappant, dans l'histoire de François Mitterrand telle qu'elle ressort des textes que ses biographes ont utilisés, c'est que, très tôt, il ne croit pas à la fonction du grand homme. Dès sa jeunesse, il se défie de l'idée du sauveur suprême. Ce qui explique qu'il ne sera jamais communiste, mais ne sera jamais non plus un homme d'extrême droite, c'est que, précisément, il ne croit pas à l'existence d'individus idéalisables.

Mitterrand a quelque chose dans sa conduite réflexive, dans sa pensée, qui lui fait très tôt percevoir que le secret ultime du pouvoir est de savoir que la place de l'idéal est une place vide. Et que l'occuper est une illusion. Au fond, ce qui pousse l'homme à agir et le détermine dans ses choix, c'est non pas l'horizon bouché par un grand homme, mais le vide, le trou, l'absence, le néant à partir duquel une création est possible — qu'elle soit littéraire, poétique ou politique. C'est ce qui fait que François Mitterrand a une telle épaisseur, parce qu'il joue constamment entre la place vide et l'illusion qu'il accepte de soutenir.

En cela, du point de vue de la position qu'il va occuper, il est d'une certaine façon à la fois un personnage très zen, et quelqu'un qui aurait compris, bien qu'il s'en défende, ce qu'est justement la position de l'analyste dans le transfert — mais qui en aurait fait l'usage que, bien évidemment, l'analyste s'interdit. Et dans la tradition littéraire qui est la sienne, et qui part de Paul Valéry, passe par Paul Claudel et tourne autour de certains auteurs de droite, on trouve un trait commun : tous ou presque ont la haine du moi, de l'illusion que le moi représente. D'une certaine façon, le penseur le plus représentatif, l'ancêtre de cette lignée d'auteurs, est Pascal. D'ailleurs, François Mitterrand dit, dans un questionnaire retrouvé par Pierre Péan, que, je ne sais plus si c'est sur une île déserte ou en partant en guerre, s'il n'avait qu'un livre à emporter dans sa musette, il choisirait *Les Pensées* de Pascal. Ce n'est pas négligeable.

Mais ce sur quoi je voudrais attirer l'attention, ce sont les conséquences.

La première est que François Mitterrand, quand il est en position d'être un représentant, ne se prend pas pour un représenté. Il ne confond jamais, ou rarement — jamais serait lui faire l'outrage de le considérer comme un grand homme —, il évite autant qu'il le peut, en exerçant son sens critique, de confondre la position d'être représentant et celle de se croire équivalent de ce qu'il représente. Pour le dire autrement, il ne confond pas l'homme et la fonction.

A partir de là, on peut essayer de comprendre comment il lui a été absolument nécessaire d'avoir comme rival, même si pendant un certain temps c'était un rival sans commune mesure sur le plan historique avec ce qu'il était vraiment, un homme de la dimension de De Gaulle. Ma thèse sera : sans de Gaulle, sans le personnage historique qu'il a été, il n'y aurait pas de François Mitterrand. Même si ce n'est qu'après la mort de De Gaulle, évidemment, qu'il a atteint les plus hauts sommets de l'Etat. Mais c'est dans son combat contre le général, et en dépit du fait qu'il n'a pas réussi à déboulonner la statue, qu'il a pris sa grandeur et sa légitimité historiques.

Ce que j'avance là, François Mitterrand le dit d'ailleurs lui-même. A cet égard, il existe un texte de 1937 tout à fait éclairant, qui se trouve à la page 68 du livre de Péan. Il s'agit d'un texte littéraire, publié dans la *Revue Montalembert*. Voici ce que disait François Mitterrand : « David dut être déçu d'avoir abattu Goliath d'une pierre, car un géant tué d'un coup de fronde ne pouvait être un vrai géant. Rien n'est plus grotesque qu'un géant fragile. Pourquoi l'affirmation majestueuse de sa taille, s'il est susceptible de tomber ? Pourquoi l'élévation de son corps, si le cailloux venu de terre le détruit ? Pourquoi son front si haut, s'il doit être frappé en plein front ? Il ferait mieux de ramper, celui qu'un peu de terre assujettit ; il trouverait son destin à sa mesure ; car il n'y a pas d'effort plus dérisoire que l'emploi d'une force sans objet, qu'une victoire sans lutte. Mais lequel est le plus risible de celui qui gagne cette victoire ou de celui qui la loue ? » Je passe sur quelques considérations littéraires pour arriver à ces mots : « Les auteurs contemporains célèbres et mis au pinacle répètent la sotte faiblesse de Goliath : la prétention forge leur grandeur et la gloire leur sert de socle. Mais que d'impuissance et de stérilité dans leur position ! Que le cailloux ne soit pas ramassé, peu importe, sa présence suffit. Et qui résisterait à cette présence perpétuellement attentive que l'on nomme le goût du vrai ? Ce qui fait le mensonge et la fragilité de la littérature, c'est sa divinisation ; ce qui fait le mal de la littérature, c'est que son mal attire et qu'on l'apprécie pour lui-même. Ainsi naît l'orgueil ; le géant qui voit les êtres si petits juge tout à son échelle, et il pense : " Comment Dieu pourrait-il être plus grand que moi-même ? "

Quand on lit un tel texte, et qu'on a présent à l'esprit que François Mitterrand lui-même ne pouvait pas connaître son destin au moment où il l'a écrit, on se demande immanquablement s'il s'identifie à David ou à Goliath. Je fais le pari, en tout cas dans un premier temps, que c'est à David qu'il s'identifie. Et je dois dire que le retournement que produit François Mitterrand est assez spectaculaire. Car, en réalité, que nous dit-il ? Vous vous êtes habitués à idéaliser David. Pourquoi ? Parce qu'il avait fait tomber celui que lui-même idéalisait. Mais vous voyez bien que le vrai piège est, dans les deux cas, l'idéalisation. Que ce soit David idéalisant Goliath ou nous idéalisant David, il y a tromperie. Le vrai problème est l'idéalisation.

Je vois là quelque chose qui va permettre de comprendre comment Mitterrand, avec quelles armes et dans quel but, s'attaque à de Gaulle, et comment, par la résistance que de Gaulle va lui opposer, en tant que mythe républicain, Mitterrand va justement trouver un Goliath qu'il ne va pas réussir à faire tomber.

Le cailloux de David-Mitterrand, c'est son livre, *Le Coup d'Etat permanent.* Ce livre va faire mal, mais ne va pas faire tomber de Gaulle-Goliath. Et c'est parce que de Gaulle n'est pas Goliath, parce que de Gaulle, malgré sa stature, dans tous les sens du mot, sa taille déjà — entre Mitterrand et de Gaulle, il y a une histoire de taille, c'est le cas de le dire, et une Histoire tout court, avec un grand H —, va lui résister, qu'au fur et à mesure de l'histoire qui va nouer leur combat Mitterrand va s'élever. Il est, en quelque sorte, celui qui va avoir besoin de ce que de Gaulle ne tombe pas pour s'élever lui-même ; car si de Gaulle était tombé sous ses premiers coups, sa victoire aurait été dérisoire, et il serait alors tombé avec lui.

A tous égards, cette thèse qui est celle de François Mitterrand lui-même — et c'est en cela qu'elle est précieuse, parce que, serait-elle seulement mienne, elle pourrait paraître tout simplement arbitraire — est tout à fait banale : on ne se grandit que par les adversaires qu'on se choisit. Mais ce qui la rend moins banale, c'est que François Mitterrand, à partir du moment où il aura la place qui a été celle du général, contrairement à ce qu'on a dit, ne va pas s'identifier à de Gaulle. Il n'aura jamais des allures gaulliennes.

Le trait d'esprit, l'humour, dont depuis Freud nous savons qu'il entretient les plus étroits rapports avec l'inconscient, nous amènera à penser, *via* les petites marionnettes télévisées, que ce n'est pas à de Gaulle qu'il s'identifie, mais à Dieu. Et il est tout à fait surprenant que, dans ce texte que personne ne connaissait jusqu'à ce que Péan le publie, et que je viens de citer, c'est justement avec Dieu qu'il combat, c'est face à Dieu qu'il a des comptes à rendre. Alors on pourrait dire, dans un premier temps en tout cas : si François Mitterrand n'a pas d'idéal d'homme, il n'a pas non plus d'idéaux politiques — dans un texte cité par Péan, il n'hésite pas à tourner en dérision des auteurs contemporains, de gauche comme de droite, qu'il considère comme des sous-produits de littérature ; s'il peut se permettre de les traiter tous avec un égal dédain, c'est que, tout simplement, comparés à Dieu, c'est vrai qu'ils ne font pas le poids, qu'ils sont légèrement en dessous de ce qu'il peut en attendre.

Dieu aurait-il — avec l'ironie que François Mitterrand y mettrait lui-même — des rapports analysables avec l'idéal du moi ? Dieu serait-il une des figures de l'idéal du moi ? La question est complexe. Il n'empêche que l'expérience permet d'observer que la perte de la croyance en Dieu produit des effets mélancoliques et dépressifs équivalant à la désidéalisation d'une personne qu'on a beaucoup aimée.

J'ai pu constater que certaines dépressions avaient débuté, sourdement dans un premier temps, à partir du moment où le sujet renonçait à sa croyance en Dieu. Bien sûr, il faudrait s'expliquer pourquoi, un beau jour, il y renonce. Mais, en tout cas, qu'il y renonce pour de bonnes ou mauvaises raisons par rapport à lui-même, ou que se produise un certain type de désidéalisation — due par exemple à ce que le sujet perçoive, dans celui qu'il a idéalisé, l'envers du décor —, il en résultera qu'il sombrera dans la dépression, ou bien, pour lutter contre la dépression, dans la sauvagerie et la barbarie, comme ce fut le cas du commandant d'Auschwitz (cf. la bibliographie). C'est-à-dire que le trou, la place laissée vide par la chute de l'idéal du moi entraînent le sujet.

On a peut-être là un argument qui nous permettra de comprendre pourquoi François Mitterrand a pu se passer d'idéal. Certains diront qu'il a pu s'en passer parce qu'il était à lui-même son propre idéal. Certes. Mais c'est un peu court.

Il est un fait que François Mitterrand fréquente ce qu'on appelle les Ecritures saintes, depuis toujours, qu'il s'est entouré de penseurs pour qui la Bible, et notamment l'Ancien Testament, revêt une importance considérable. En outre, si l'on en croit ses biographes, un religieux, le père Jobit, a joué dans sa formation intellectuelle un rôle capital. Or, quel est le livre de ce que l'on appelle les Saintes Ecritures que préfère François Mitterrand ? C'est l'Ecclésiaste. Et ce qui est tout à fait frappant, c'est que François Mitterrand lit ce texte comme un traité de politique.

Encore une fois, je pense qu'il faut le prendre au mot. Quand il nous dit que c'est le livre de la Bible pour lequel il a le plus d'admiration, il faut le croire. Et, de fait, bien des adages de l'Ecclésiaste se retrouvent dans le comportement politique de François Mitterrand.

On se rappelle que l'Ecclésiaste est ce livre attribué au roi Salomon qui commence de la façon suivante : « Vanité des vanités, tout n'est que vanité. » Je suis persuadé que François Mitterrand a faite sienne cette formule, ce qui lui a donné cette distance critique à l'égard de ses actes, sans pour autant le détourner d'agir.

Mais le point de vue de l'Ecclésiaste, quel est-il ? D'où se place l'auteur de l'Ecclésiaste, où se met-il pour pouvoir prononcer les phrases qu'il prononce, par exemple : « Rien de nouveau sous le soleil » ? On peut parler ici, si l'on m'autorise ce paradoxe, d'une position de surplomb. L'Ecclésiaste fait partie du Canon biblique, après moult discussions d'ailleurs : ça n'a pas été évident de l'y inclure tout de suite, parce que l'auteur est identifié à ce que Dieu pourrait dire du monde. Car le Dieu de Mitterrand n'est pas celui des marionnettes de TF 1. C'est le Dieu de l'Ecclésiaste, c'est-à-dire celui qui regarde les hommes en tenant compte de la durée, en s'inscrivant dans l'éternité, et donc en considérant des périodes de l'histoire de l'humanité bien plus longues que l'âge possible d'un simple être humain.

De ce point de vue, on peut dire que si François Mitterrand n'a pas été un idéaliste, il n'en est pas devenu pour autant pragmatiste, ni dépourvu de pensées. Nous nous sommes habitués, en Occident, depuis quelques siècles, à imaginer que celui qui ne profère pas un idéal ne pense pas. Je crois qu'à cet égard François Mitterrand démontre exactement le contraire : on peut penser sans être à la remorque d'un système idéologique qu'on idéalise, ou d'un homme à qui on confie le destin de la nation, de la patrie, voire quelquefois, comme Freud l'a analysé dans *Le Président Wilson*, le destin de l'humanité.

Rappelons pour finir un passage de l'Ecclésiaste que François Mitterrand aura très probablement lu et relu : « Une petite ville avait en elle peu d'hommes. Un grand roi y vient et la contourne. Il bâtit contre elle de grandes trappes. Il y trouve un homme, mesquin mais sage, qui fait s'échapper la ville par sa sagesse. Mais pas un humain ne se souvient de l'homme mesquin ! Moi, je dis : " Mieux vaut sagesse qu'héroïsme ! " La sagesse du mesquin est méprisée, ses paroles ne sont pas entendues. Les paroles des sages sont entendues avec répit, plus que la clameur d'un gouverneur parmi des fous. Mieux vaut sagesse qu'engins de taille. Un seul fauteur perd un bonheur multiple. » (Eccl. 9, 14-18, traduit par André Chouraqui.)

J'ai l'impression que François Mitterrand a médité ces fortes paroles, et que le destin qu'il s'est choisi est celui d'incarner un idéal de sagesse plutôt qu'un idéal d'héroïsme. Au fond, il se défie de l'héroïsme. Et, d'un point de vue analytique, on ne peut pas lui donner tort. D'abord, parce qu'il faut bien constater la chose suivante : les quatorze années de règne — puisqu'on en parle ainsi — de François Mitterrand ont été quatorze années de paix civile.

On peut imputer à ce fait toutes sortes de paramètres, et avancer qu'il en est allé ainsi dans bien d'autres pays qui n'avaient pas François Mitterrand à leur tête. Certes. Mais on peut aussi se demander ce qu'auraient été ces quatorze années en France si, à la place de François Mitterrand, l'Etat avait été aux mains d'un guide, c'est-à-dire quelqu'un qui aurait préféré l'héroïsme à la sagesse.

D'un autre point de vue, on peut aussi dire que préférer la sagesse, la mesure, le centre vide — pas le centrisme, entendons-nous bien — à l'idéalisme ou à l'héroïsme, est une vision des choses qui, au bout du compte, correspond assez bien au processus de désidéalisation.

Mais la sagesse n'est-elle pas, à l'occasion, le masque de la froideur ? Et cette froideur, qui nous dira d'où elle provient ? De quelle radicale déception, de quelle perte de confiance définitive en l'affect de l'autre ?

Qui sait, et qui peut s'autoriser à dire le nom de celui qui propulsa François Mitterrand si tôt au cœur d'un dialogue ininterrompu avec la mort ? La mort, cette amie à qui il rendit le premier hommage solennel de sa victoire en 1981, car au Panthéon, n'en doutons pas, ce n'est pas aux morts célèbres qu'il rendit visite, mais à la Mort en tant que telle.

Cela étant, le fait que François Mitterrand se soit refusé à tout idéalisme nous a bel et bien garanti pendant quatorze ans la paix civile, et cela en conformité avec la théorie analytique, puisque le fondement de l'idéal, de l'idéalisme, c'est la haine inconsciente. On idéalise toujours d'autant plus qu'on méconnaît ce qu'on hait. Et donc, partant, ce qu'on est. Or, nous l'avons vu, François Mitterrand sait qui il hait.

Maintenant qu'il n'est plus candidat à la présidence de la République, son parcours nous donne une leçon sur ce qu'on peut attendre de celui qui se présenterait comme susceptible de lui succéder : que, précisément, lui aussi ne nous fasse pas le coup de l'amour de l'idéal qui dissimule une haine refoulée — quel que soit cet idéal, d'ailleurs, qu'il soit prétendument de gauche, de droite ou d'extrême droite.

C'est une position qui a l'air simple à tenir, mais elle n'est pas facile. Celui qui a un idéal a une éthique qui en découle, et qui se présente comme allant de soi. La désidéalisation qu'il produit, bien souvent, survient quand on découvre qu'il ne fait appliquer cette éthique qu'à ceux qui le suivent, mais que lui s'en dédouane. Dans le cas d'un personnage politique qui agit non pas au nom d'un idéal élevé, mais au nom d'idéaux à la mesure de l'humain, l'éthique est au quotidien.

Un dernier mot. On a beaucoup reproché à François Mitterrand, notamment ces derniers temps, son souci de la cohésion, de la réconciliation nationales, et de la « paix civile ». Je crois que celle-ci est d'abord une paix que François Mitterrand a essayé de promouvoir pour lui-même, et qu'en essayant de se *pacifier* lui-même, avec ce que la langue française nous permet de jeux de mots tout à fait *ad hoc*, il s'agit, pour lui comme pour nous, de ne *pas s'y fier*.

Malgré l'équivoque de la langue, c'est bien dans cette tentative de pacification que François Mitterrand a incarné, pour les quatorze dernières années, non pas la division qu'oppose chaque Français à d'autres Français, mais la division qui l'oppose à lui-même.

Le personnage est marqué au bout du compte du sceau de la déception. Eh bien, c'est peut-être la seule chose qu'on puisse attendre d'un homme politique : qu'il soit décevant ! Parce que la déception, c'est l'obligation de se confronter à ce qu'on attend, à ses espoirs. Et, d'une certaine manière, l'espoir est toujours névrotique. La déception nous renvoie à notre névrose. De ce point de vue, certes, il a été décevant. Mais il n'a pas été dangereux. Et de cela on pourrait déduire, presque sous forme d'aphorisme, et bien que François Mitterrand se méfie à juste titre des formules, que la démocratie est le système politique qui fait de la place à la déception.

Conclusion

Qu'avons-nous appris ? Ce travail nous a au moins permis de déboucher sur une hypothèse surprenante, au sens où ce n'est pas en l'appliquant que nous avons tenté de décoder les discours de chacun des candidats, mais qu'elle s'est imposée à nous à l'issue de ce travail. Voici de quoi il s'agit.

Une certaine tendance analytique voudrait que le chef, quel que soit le mode de son accession à la chefferie, soit considéré comme un représentant du père, de la fonction paternelle ou de la fonction symbolique dévolue habituellement au père. Tenons compte, pour une fois, ou essayons de le faire, du fait que d'occuper cette place de chef, selon qu'elle vous a été dévolue par le droit divin ou par le suffrage universel, n'emporte pas les mêmes conséquences et repose sur un travail psychologique fort différent.

Quand un chef est un roi de droit divin, il tient son pouvoir d'une autorité transcendante, certes abstraite, mais qui le rend indépendant de la demande adressée à ses sujets. Tirant son pouvoir de Dieu lui-même, il n'est pas à l'égard de ceux qu'il gouverne dans la position de leur devoir quelque chose. De plus, comme chacun le sait, il ne sera appelé à aucun moment à solliciter ou resolliciter leur suffrage. En somme, le roi est un père pour la nation, exactement au sens où les adolescents peuvent être amenés à dire, dans leurs moments de révolte : « Après tout, je n'ai pas demandé à venir sur cette terre. »

Effectivement, le roi est celui qui a barre sur ses sujets, même si ceux-ci ne lui ont rien demandé, comme un père avec son fils adolescent.

Dans le cas du président de la République élu dans une démocratie, il en va tout autrement. Le président ne détient pas son pouvoir d'une autorité abstraite, fictive ou mythique, comme le roi, mais il sollicite du suffrage universel le droit d'exercer la position, la fonction de chef. En somme, c'est quelqu'un qui demande l'autorisation d'être chef. Or, à qui demande-t-on l'autorisation, sinon, justement, à son père ?

Je suis là, évidemment, dans un registre à la fois symbolique et inconscient. De sorte que nous voyons bien que, à partir de la Révolution française, ce qui s'inverse dans l'univers politique, c'est la fonction paternelle. Le suffrage universel devient un puzzle dont les éléments constituent autant de petites parties de la fonction paternelle, et dont l'ensemble, une fois réalisé, constitue le Père.

En somme, ce que nous avons appris en menant ce travail est que le candidat à l'élection présidentielle est quelqu'un qui s'adresse au suffrage universel en tant que père, lequel suffrage universel lui renvoie une réponse à cette demande en tant qu'il accepte d'occuper cette fonction paternelle à l'égard de celui qui sollicite cette autorisation. Ce qui passe à la trappe du fait de ce renversement, c'est la dimension de la transcendance.

Les conséquences en sont importantes. Et si nous ne pouvons toutes les examiner dans un ouvrage comme celui-ci, dont ce n'est pas la fonction, il nous faut néanmoins y regarder de près. Dans le livre de Christian Biet qui s'appelle *Œdipe en monarchie*, on trouve cette citation empruntée aux *Caractères* de La Bruyère : « Nommer le roi père du peuple est moins faire son éloge que l'appeler par son nom ou faire sa définition. » Cette formule de La Bruyère, si elle est parfaitement valide dans le registre œdipien quand il s'agit du roi, ne l'est, me semble-t-il à l'issue de ce travail, plus du tout quand il s'agit du président de la République. Ou alors, il faudrait admettre que la république est le système qui a renversé l'ordre hiérarchique traditionnel de l'Œdipe, et qui a fait que, comme le disait Freud en citant un poète anglais : « L'enfant est le père de l'homme. »

Cette dialectique du père et du fils est ce qui nous a semblé se trouver au cœur du rapport entre le prétendant au titre de président et ceux qui le font « roi ». L'inversion a peut-être produit des effets psychologiques que l'on n'avait pas imaginés. Et peut-être faut-il ranger au rang de ces conséquences l'importance dévolue à l'enfant depuis le XVIIIe siècle, qui n'existait pas sous la monarchie.

En effet, les sujets de la république, en tant qu'ils font le père, et non plus en tant qu'ils sont soumis à son autorité, se retrouvent symboliquement dans une position de pouvoir qui est sans précédent au regard de l'histoire — si ce n'est la brève parenthèse originaire de la démocratie grecque, avec tout ce qu'elle comporte de nuances par rapport à ce que nous appelons, nous, aujourd'hui, démocratie. Il y a bel et bien concordance entre cette inversion du sens du pouvoir, cette inversion, pourrait-on presque dire, du sens de l'Œdipe, qui veut que le père ne préside plus de toute son autorité et de toute sa force au destin de ses enfants, mais que ses enfants, en tant que tels, se regroupent dans le concept de fonction paternelle pour lui dire comment ils entendent être dirigés.

Au rang de ces conséquences, ajoutons qu'il s'est produit un renversement de la transcendance : d'externe (Dieu), elle est devenue interne, et c'est ce qui s'appelle l'Inconscient. Il s'ensuit la mise en question, certes lente, qui demande une longue maturation, pour aboutir à ce que nous connaissons aujourd'hui, de la promotion de ce que Freud appelait *His Majesty the baby*. Jamais autant qu'aujourd'hui l'enfant, et surtout le petit enfant, n'a fait l'objet de tant de soins ou de tant d'attentions. Remarquons que cela coïncide dans le temps avec l'émergence de la philosophie de la démocratie, chez Rousseau ou chez Montesquieu, et aussi avec le premier traité, au sens moderne du mot, de pédagogie, qui est *L'Emile*. Il y a là une coïncidence qui ne saurait être fortuite.

Alors, si le président se trouve en position, avant d'être élu, et de fait, une fois qu'il l'est aussi, d'être demandeur, le désir, comme nous l'avons déjà signalé dans notre introduction, est du côté de l'électeur. Mais toute la fiction du pouvoir, héritée de la monarchie, vise à continuer à faire croire que le désir est resté du côté du pouvoir. A ce jeu contribuent, plus ou moins complices, la plupart des politologues et des analystes politiques qui persistent à penser la République comme s'il s'agissait d'une monarchie.

Peut-être l'un des avantages de ce travail sera-t-il de permettre de réfléchir à la fragilité des hommes politiques, et au fait que cette fragilité, humaine, bien humaine, trop humaine, est la conséquence de la position délicate dans laquelle ils sont placés : comme des enfants, constamment soumis au jugement, à la sanction, à la discipline auxquels un enfant est soumis quand il est dans un rapport symbolique à la fonction paternelle.

Les sondages constituent autant de jugements, et l'attitude de l'homme politique à leur égard pourrait être comparée à celle d'un enfant à l'égard des réprimandes. Certains disent ne pas se soucier des sondages. Il est facile de vérifier qu'ils en sont en général fort friands. D'autres, au contraire, s'en soucient manifestement beaucoup trop. Certains cèdent à leur pression. D'autres enfin se comportent à l'égard des sondages comme des délinquants à l'égard des sanctions. Tous les cas de figure existent, mais ils ressemblent fort aux diverses conduites d'enfants ou d'adolescents à l'égard de l'autorité paternelle.

C'est pourquoi, une fois encore, le travail psychanalytique, loin de démobiliser politiquement le corps électoral, devrait permettre de lui faire prendre conscience du fait que la véritable autorité est de son côté, que le véritable pouvoir est le sien, et que toute parcelle de renoncement à ce pouvoir, au nom du maintien de la fiction monarchique, est un crime de lèse-démocratie, un crime contre lui-même, contre le statut de citoyen que les siècles qui ont précédé lui ont permis d'acquérir.

Reste que, bien évidemment, nous n'avons pas parlé de tout le monde. D'abord parce que la notion du tout est proprement anti-psychanalytique. Le psychanalyste n'est pas le promoteur d'une conception globale du monde ou de la civilisation. Il s'intéresse à des aspects très partiels et très particuliers, qui sont des aspects auxquels ceux qui se veulent philosophes, politiques ou sociologues ne s'intéressent guère. S'il était en mesure de produire une doctrine du champ politique et idéologique, le « pas tout » pourrait en tenir lieu ; mais il est clair que ce n'est pas encore le cas.

Nous nous sommes donc abstenus de parler de ceux que nous connaissons mal, ou de ceux qui n'ont pas suscité en nous une excitation suffisante pour nous inciter à y aller voir de plus près. Tâchons néanmoins de dire en quelques phrases ce par quoi, par exemple, le discours des écologistes peut nous sembler poser une question.

L'écologie, en tant qu'elle est un système qui se propose de détacher le souci d'une protection de la nature de tout autre souci politique, et uniquement en tant qu'elle produit ce détachement, nous paraît être une conception du monde qui, justement, unifie le discours politique autour d'une cause unique. Un peu comme si on nous disait : si ça va mal, c'est parce que la nature se venge du fait que les hommes la maltraitent.

Un tel propos nous paraît en son fond inacceptable. L'homme s'édifie, et la civilisation avec lui, en renonçant à ce qui, en lui, est naturel, et en luttant contre ce qui, dans la nature, combat son aspiration à la loi et à la promotion des identifications et des désidentifications entre les humains par la reconnaissance du lien social, qui ne peut être que juridique et symbolique. Comme le disait Hegel dans *La Phénoménologie de l'esprit,* « l'homme seul a une histoire, la nature n'a pas d'histoire ». C'est la raison pour laquelle le discours des écologistes nous paraît être un fantasme, visant à éradiquer du rapport de l'homme à la société et à la civilisation la dimension proprement historique qui est, au bout du compte, la dimension symbolique.

De fait, les écologistes occupent depuis quelques années une position qui prend le relais du gauchisme, comme en Allemagne, ou du militantisme politique, comme c'est le cas en France depuis que la plupart des groupes d'extrême gauche ont cessé de produire un militantisme conséquent. Mais cela ne veut pas dire qu'ils instaurent la continuation de l'utopie gauchiste. Au contraire, on peut se demander jusqu'à quel point ils n'en sont pas le retournement, au sens où, le gauchisme s'étant appuyé sur le sens de l'histoire, les écologistes feraient le constat de l'échec de cette idéologie en produisant une théorie de la civilisation et du devenir civilisateur qui, cette fois, se passerait de l'histoire.

Le psychanalyste ne se passe pas d'histoire, même si, dans l'exercice de son métier, il tente de réduire la diachronie en synchronie, la verticalité de l'histoire en structure. Il n'en reste pas moins qu'il n'y a de psychanalyse que celle qui permet que le refoulé et une partie de l'amnésie infantile soient levés. En somme, le psychanalyste continue de penser que le refoulement, surtout quand il est raté, est la cause de la plupart de nos maux ; et s'il n'a pas de l'histoire la même conception que l'historien, estimant que celle-ci se poursuit à contretemps du développement et non dans le développement, il n'en reste pas moins que tout discours qui, même sans le dire explicitement, se donne pour but de se passer de l'histoire lui paraît suspect et propre à produire ce refoulement contre lequel il lutte — non pas parce que c'est du refoulement, mais parce que, en général, ce refoulement échoue. Et que c'est par cet échec que se produit et se fabrique le symptôme qui en est le retour. Bref, ce qui nous rend malades, ce n'est pas l'oubli mais son impossibilité.

Nous n'avons pas non plus parlé des communistes. Certes, je pourrais dire qu'il est immoral et amoral de tirer sur une ambulance. Ce serait vrai. On a dit tant de choses sur la fin du communisme après de la chute du mur de Berlin qu'il est difficile d'imaginer ce qu'on pourrait ajouter. Mais c'est surtout à cause d'une circonstance très française que nous n'avons pas pu parler des communistes : le fait que celui qui, pendant ces dernières années, a été leur porte-parole, à savoir Georges Marchais, n'est plus candidat et que le nouveau prétendant, Robert Hue, ne nous est pas suffisamment connu pour que nous puissions nous permettre de dire à son sujet quoi que ce soit.

Sur les communistes et le communisme en général, nous commencerons par l'anecdote suivante, que raconte Ernst Jones, le biographe de Freud : « Le 27 septembre 1919, Freud me prit de court en disant qu'il avait rencontré récemment un ardent communiste et avait été a moitié converti au bolchevisme, comme on disait à l'époque. Ce dernier lui avait dit que l'avènement du bolchevisme amènerait quelques années de misère et de chaos, mais qu'elles seraient suivies de la paix universelle, de prospérité et de bonheur. Et Freud ajouta : “ Je lui ai répondu que je croyais à la première moitié de ce programme. ”

Cette citation met en lumière la juste intuition de Freud. Effectivement, la première partie du programme a été réalisée. Qu'ajouter pour faire entendre que, non seulement la deuxième moitié n'a pas vu le début de l'ombre d'une réalisation, mais qu'il y a fort à parier, le communisme étant ce qu'il est devenu aujourd'hui, que cela n'arrivera jamais ? Pourquoi ? Parce que, comme le dit toujours Freud, dans *Malaise dans la civilisation*, ce qui fait problème dans le communisme n'est pas la théorie économique, ni même peut-être la théorie politique, sur laquelle les analystes sont mal placés pour se prononcer, mais c'est ce que Freud appelle le postulat psychologique, dont il dit qu'il se croit autorisé à y reconnaître « une illusion sans consistance aucune ».

Cette illusion est celle qui voudrait que le tout de l'homme — toujours ce fameux tout — s'explique par son rapport à la propriété privée, et à la confiscation à la fois du pouvoir et des moyens de production. Une telle explication fait écran à ce qui, chez l'homme, n'est pas réductible à ce rapport à l'objet, et qui est son rapport à la pulsion de mort — celui-là même que nous avons vu en actes chez bien des hommes politiques —, ce rapport à la destruction, à la division d'avec soi-même, qui fait que tantôt l'homme est voué à renoncer à sa propre jouissance pour épargner son semblable, tantôt il est voué à céder à cette jouissance, mais au prix d'une trahison de l'autre, son ami de trente ans, ou son ami bien plus ancien.

Cette alternative, déjà énoncée par Lacan dans son séminaire sur l'éthique de la psychanalyse, entre trahir son prochain et trahir sa propre jouissance, est au cœur de tout humain, et demeure totalement irréductible, une fois pour toutes. De sorte que tout système qui se propose de la résoudre une bonne fois ne peut apparaître qu'illusoire.

Quant au gauchisme — je parle du gauchisme d'aujourd'hui —, dont nous venons de dire quelques mots en passant par l'écologie, représenté en France par l'insistance à se présenter aux élections d'Arlettte Laguiller, il est clair qu'il ne concerne qu'une frange tout à fait particulière de l'électorat français — raison qui ne suffirait pas à dire de ce discours qu'il est vain. S'il est vain, ce n'est pas parce qu'il est minoritaire, mais parce qu'il est répétitif, qu'il remplit toutes les conditions, en les assumant, de la langue de bois, et que celle qui s'en fait le héraut représente tout ce à quoi il nous est impossible d'adhérer : un discours totalement déconnecté des évolutions historiques et économiques, ne tenant compte en aucun cas du rapport psychologique et symbolique entre les humains.

Un discours qui, aujourd'hui, ne tient compte que des rapports d'aliénation par le travail et les rapports économiques entre les hommes est définitivement caduc, et n'a plus aucune chance de pouvoir nous séduire. Il est entendu comme un discours proprement défensif. Et la question qui se pose à propos d'Arlette Laguiller est de savoir au nom de qui elle parle du prolétariat, elle qui n'est pas prolétaire et qui, néanmoins, depuis bientôt vingt ans sinon plus, continue de monter en épingle une fiction qui était peut-être déjà à interroger au moment où elle a commencé à entrer dans le monde politique.

Le drame du gauchisme est que son discours a toujours été promu par des intellectuels qui n'avaient pas à se défendre eux-mêmes. Arlette Laguiller a réussi à faire croire qu'elle était authentique dans son discours, parce qu'elle n'était pas une de ces intellectuelles issues de la bourgeoisie, qui s'appuyaient sur le messianisme prolétarien pour favoriser leur ascension sociale. Mais il n'en reste pas moins qu'il s'agit d'une fiction de plus, car une employée de banque n'est pas une prolétaire, et le prolétariat a des valeurs que le monde petit-bourgeois des fonctionnaires et des employés de banque ne partage pas.

Restent d'autres personnages dont nous aurions pu parler. Au rang de ceux-ci quelqu'un comme Charles Pasqua est aujourd'hui, à droite, l'homme de la stratégie — stratégie qui, quelquefois, échoue, quelquefois réussit. Charles Pasqua est le pendant, à droite, de ce qu'est Bernard Tapie pour la gauche. Avec cette différence qu'il n'a pas deux éthiques, une pour vendre et une pour faire de la politique, mais qu'il est clair aux yeux de tout le monde — il ne s'en cache d'ailleurs pas — que l'éthique qui fut la sienne pour vendre est la même qu'il utilise pour faire de la politique. Sa stratégie est très claire : elle vise à promouvoir ce qui, dans le discours gaulliste, lui paraît aujourd'hui permettre de faire de la place aux « valeurs » de la droite la plus extrême, sans pour autant que les chefs de cette droite extrême soient amenés à prendre le pouvoir.

On pourrait se demander, d'ailleurs, pourquoi veut-il que ces idées règnent, sans que ceux qui les soutiennent soient en mesure de les servir. La réponse pourrait être simple : il veut les servir lui-même. Mais l'on remarquera que le populisme de Charles Pasqua, tout entier paradoxal puisque fondé sur sa capacité à tenir le rôle du gendarme dans un Guignol, nous ramène plutôt à l'idée que déjà Freud avait cernée dans *Psychologie collective et*

Analyse du moi, à savoir que le père est d'autant plus aimé qu'il est sévère et castrateur.

Ce paradoxe, qui veut que, pour être aimé, le père doit jouer plus du bâton que de la carotte, est excellemment mis en pratique par l'actuel ministre de l'Intérieur. Et c'est bien parce qu'il est probablement l'un des rares à pouvoir aujourd'hui tenir ce rôle que, systématiquement, lui est confié ce poste. Cela étant, le personnage de Charles Pasqua a des chances de poursuivre sa carrière. Et si l'idée me venait de faire un deuxième tome à ce volume, il est clair qu'il y occuperait une place de choix.

J'aimerais, pour conclure, rappeler que tout ce que nous avons dit de chaque personnage politique, à propos duquel nous nous sommes autorisés à produire une analyse, s'est appuyé, exclusivement, sur ses propos publiques ou publiés dans des biographies qui, si elles n'étaient pas officielles, n'étaient en aucun cas démenties par ce même candidat.

Il est important de savoir que l'exercice — certains l'appelleront de psychanalyse appliquée — que nous avons tenté s'est privé de la possibilité de recourir à des sources privées, auxquelles tout citoyen n'aurait pas eu accès, et cela pour d'évidentes raisons déontologiques. Nous ne nous sommes servi que de ce qui, du fait de la volonté expresse de chacun de ces hommes politiques, était à la portée de tout un chacun. C'est ce qui fait que ce livre ne contient aucun scoop événementiel, ni aucune information qui pourrait surprendre un lecteur habitué à lire les journaux ou à écouter les différents moyens de communication aujourd'hui à notre disposition. En revanche, dans la masse des écrits, des biographies, des autobiographies, il est clair que nous avons fait un choix. En général, ce choix portait sur la phrase, les phrases ou les conduites de candidats qui nous paraissaient les plus propres à synthétiser ce qui, par ailleurs, se donnait à voir ou à entendre dans l'ensemble de la production politologique actuelle.

La méthode que nous avons utilisée n'est pas décrite, volontairement, dans le corps de l'ouvrage, afin que chacun puisse se rendre compte qu'il est capable lui-même de produire une lecture qui est la sienne, sans appliquer une recette, et sans se servir de notre travail comme autant de fiches techniques qui ne demanderaient que des objets d'application.

En somme, il ne s'est pas agi d'énoncer ici des vérités définitives. Plutôt de dire ce que l'exercice d'un certain type de lecture autorise et légitime comme production de l'acte de voter.

Paris, le 1er décembre 1994.

BIBLIOGRAPHIE SUCCINCTE

Ouvrages généraux

ARTÉMIDORE, *La Clef des songes*, Vrin, 1975.
Christian BIET, *Œdipe en monarchie*, Klincksieck, 1994.
Norman O. BROWN, *Éros et Thanatos*, Denoël, 1972.
La Bible, traduite par André Chouraqui, Desclée de Brouwer, 1985.
Albert COHEN, *Belle du Seigneur*, Gallimard, 1968.
Sigmund FREUD, *Le Mot d'esprit et sa relation à l'inconscient*, Gallimard, 1988 ; *L'Homme Moïse et la religion monothéiste*, Gallimard, 1986 ; *Malaise dans la civilisation*, PUF, 1971 ; *Métapsychologie*, Gallimard, collection « Idées », 1968.
Sigmund FREUD et William C. BULLIT, *Le Président Wilson, portrait psychologique*, UGE, collection « 10/18 », 1967.
Friedrich HEER, *Autopsie d'Adolf Hitler*, Stock, 1971.
Rudolf HOESS, *Le commandant d'Auschwitz parle*, Maspero, 1972.
Jacques LACAN, *Écrits*, Le Seuil, 1966 ; *Éthique de la psychanalyse*, séminaire, Le Seuil, 1986 ; *Les Noms du père*, séminaire inédit.
Georg Christoph LICHTENBERG, *Aphorismes*, Les Presses d'Aujourd'hui, traduit par Marthe Robert, 1980.
Alice MILLER, *C'est pour ton bien*, Aubier, 1984.
SPINOZA, *Éthique*, Le Seuil, traduit par Bernard Pautrat, 1988 ; *Traité théologico-politique*, Gallimard, collection « Bibliothèque de la Pléiade », 1954.
STENDHAL, *Le Rouge et le Noir*, Club français du Livre, 1954.
Michel TOURNIER, *Les Météores*, Gallimard, 1970 ; *Le Miroir des idées*, Mercure de France, 1994.
Paul VALÉRY, *Mauvaises Pensées et autres*, Gallimard, 1942.

Ouvrages politiques

Jean-Louis ANDRÉANI, *Le Mystère Rocard*, Robert Laffont, 1993.
Édouard BALLADUR, *Des Modes et des Conventions*, Fayard, 1991 ; *12 lettres aux Français trop tranquilles*, Fayard, 1990.
Jean BOTHOREL, *Histoire du septennat giscardien*, Grasset, 1983.
Les dossiers du *Canard enchaîné, Giscard : la monarchie contrariée*, avril 1981 ; *Le Pen, Le Vrai*, octobre 1992 ; *La Famille Chirac*, octobre 1993.
Claire CHAZAL, *Edouard Balladur*, Flammarion, 1993.
Jean-Pierre CHEVÈNEMENT, *Une certaine idée de la République m'amène à...*, Albin Michel, 1991 ; *Les Socialistes, les Communistes et les Autres*, Aubier, 1977.
Jacques CHIRAC, *Une nouvelle France : Réflexions I*, Nil Éditions, 1994.
Jacques DELORS, *La France par l'Europe*, Grasset.
Thierry DESJARDINS, *Un inconnu nommé Chirac*, La Table ronde, 1983.
Thomas FERENCZI, *Le Prince au miroir*, Albin Michel, 1981 ; *Chronique du septennat 81-88*, La Manufacture, 1988.
Franz-Olivier GIESBERT, *François Mitterrand ou la tentation de l'Histoire*, Le Seuil, 1990.
Pierre JOUVE et Ali MAGOUDI, *Les Dits et les non-dits de Jean-Marie Le Pen*, La Découverte, collection « Enquêtes », 1988.
Jean-Marie LE PEN, *L'Espoir*, entretien avec J.-P. Gabriel et P. Gannat, Albatros, 1989.
Christian MAKARIAN et Daniel REYT, *Un inconnu nommé Chevènement*, La Table ronde, 1986.
Bernard MARIS, *Jacques Delors, artiste et martyr*, Albin Michel, 1993.
François MITTERRAND, *La Paille et le Grain*, Flammarion, 1975 ; *Le Bonheur, la Vie, la Mort, Dieu*, Lc Cerf, 1981.
Catherine NAY, *La Double Méprise*, Grasset, 1990.
Charles PASQUA, *Que demande le peuple ?*, Albin Michel, 1992.
Pierre PÉAN, *Une jeunesse française*, Fayard, 1994.
Jean-Pierre PIOLET, *Edouard Balladur ou la réputation à l'épreuve du pouvoir*, Ed. Certitude, 1994.

Philippe REINHARD, *Bernard Tapie ou la politique au culot*, France-Empire, 1991.
Michel ROCARD, *Réponses pour demain*, Syros, 1988.
Robert SCHNEIDER, *La Haine tranquille*, Le Seuil, 1992.
Maurice SZAFRAN, *Chirac ou les passions du pouvoir*, Grasset, 1986.
Bernard TAPIE, *Gagner*, Robert Laffont, 1988.

REMERCIEMENTS

A Maren Sell, pour avoir eu l'idée de ce livre, et à Jean-Christophe Brochier qui a eu la difficile tâche d'établir le texte. A Élie Winter, pour son aide précieuse dans la recherche bibliographique.

Achevé d'imprimer en janvier 1995
sur les presses de Brodard et Taupin
à La Flèche
pour le compte des Éditions Calmann-Lévy
3, rue Auber, Paris 9^{e}

N° d'impression : 1061 L-5
Dépôt légal : janvier 1995
N° d'éditeur : 12082/01